生き方革命

未知なる新時代の攻略法

堀江貴文
橋下徹

徳間書店

はじめに

堀江貴文

未来なんて予想できない。

こんな当たり前のことをいまさらながらに、世界中、日本中の人が嚙《か》みしめている。

パンデミックで世界中がパニックになる。

世界規模の金融危機が起こって、絶対安心だと思っていた大企業が倒産する。

大地震が起こって、何万人もの人が死ぬ――。

わずか十数年を振り返っても、誰もが予想していなかった大きな出来事が立て続けに起こっている。

さらに、少子高齢化だ、終身雇用の崩壊だ、年金がもらえないかもしれないと、不安を煽《あお》るニュースにも事欠かない。

こんな状況で「平均寿命が１００歳を超える『人生１００年時代』がやって来ます」と言われてしまえば、どうやってこれから生きていけばいいのかわからなくなってしまう人が続出するのも当然だ。

どうすればいいのかわからなくなった人は、安易な攻略方法を誰かに教えてもらおうとする。

「これからは、何を学べばいいんですか？」

「どこの会社に入れば定年まで働けますか？」

「転職したほうがいいんでしょうか、それとも起業すべきなんでしょうか？」

「老後資金はどうやって貯めたらいいんでしょうか？」

くだらない。そういう攻略方法だとか、コツだとかさえ知ることができたら、安泰《あんたい》だと思っているのだ。

そんな都合の良い攻略方法なんてあるのか？

——ある。そこら中に転がっている。それに気づかないだけだ。

攻略方法を教えてくれ、コツを知りたい、とっておきの情報を聞かせてくれと言う人は、自分がいまどんなゲームをプレイしているのか理解していない。

昔、『倉庫番』というパソコン用のパズルゲームがあった（いまでもスマホで遊べるようだ）。倉庫中にあるすべての荷物を指定された場所に片づけるのがクリア条件だが、荷物の動かし方を間違えると行き詰まってしまう。

人生の攻略方法を教えてくれと言う人は、『倉庫番』のように絶対確実な解法があるとでも思っているのか。1つでも手を間違えたら、人生が詰《つ》んでしまうとでも思っているのだろうか。

昔だったら、人によって人生にはさまざまな制約条件が課せられていた。

生まれた国や地域、階級、人種、性別、その他諸々の初期条件に、その後の人生は大きく左右された。低い社会階層から別の階層に移動するには、大変な努力と強運が必要だった。

そういう社会なら、這《は》い上がるために、とっておきの攻略方法を血眼《ちまなこ》になって探そうとするのもわからないではない。

だが、もう我々がプレイしているのはそういうゲームではない。

決まった解法があるゲームではなくて、『あつまれ どうぶつの森』のように好きなようにプレイしていいゲームだ。

あるいは『マインクラフト』か。自分がプレイするフィールドを、自分自身で作っていくことだって簡単にできる。

好きなように人生というゲームをプレイするには、生まれながらの才能が必要だと思っている人もいるだろう。

しかし、その才能とは何だ？

知能テストでいいスコアを出すことだろうか？　上手に絵を描けることだろうか？　作

曲できることだろうか？　100メートルを9秒台で走れることだろうか？

自分の好きなようにフィールドを作れるのだから、どんな才能が優れているのかなんて自分で決めればいい。

自分の好きなゲームを作って、好きなようにプレイすればいい。それがいまの時代、いまの日本だ。

そんな日本においても、やはり傑出したプレイヤーは存在する。

誰もができないと思い込んでいたことに果敢にチャレンジし、激しいプレイスタイルで観客を魅了する。

そんなプレイヤーのひとりが、橋下徹氏だ。

茶髪に革ジャンのタレント弁護士として、テレビに登場するようになった橋下氏は人気者となり、その知名度を活かして大阪府知事に転身した。タレントから知事になった人間はこれまでにもいたが、政治家として手腕を振るい、改革を進めていった人間は多くない。

橋下氏は「大阪都構想」を掲げて、新たな政党を立ち上げ、停滞していた地方行政の改革に果敢に取り組んだ。

政治というゲームのプレイヤーであるだけでなく、「大阪都構想」というゲームを作り、大勢のプレイヤーを巻き込んでいったゲームメイカーでもあるのだ。

そんなゲームプレイヤー、ゲームメイカーである橋下氏と、いまの日本の攻略に挑んだのが本書だ。本書を読んだら、いますぐあなたのゲームをスタートしてほしい。

２０２１年３月

Contents

第1章　個人と組織

第2章　働き方

第3章　お金

第4章 都会の暮らし、地方の暮らし

第5章　学びと情報収集

第6章　教育

第7章　夢中に生きる

第1章

個人と組織

あなたと日本を救うのは「流動性」

橋下　徹

いまの日本には、社会全体に沈滞の空気が漂《ただよ》っており、誰もがそれを多かれ少なかれ感じているのではないだろうか。

企業に勤めているサラリーマンであれば、いっこうに給料が上がらないことが不満かもしれない。日本では30年近く実質賃金も下がり続けてきているのだから、給料が上がっていないのは何もあなたひとりではない。

東京で30代の夫婦２人、子ども２人が「普通の生活」をしようとすると、年額６５０万円がかかるそうだ。[*1] 練馬区にある43㎡前後の賃貸物件に住んで、節約を心がけた生活をしていてもこれだけのお金が必要となることが話題を呼んだ。30代でゆとりある生活を送っていますと胸を張れる人は、それほど多くはないだろう。

海外に目を転じてみると、**日本以外の先進国では実質賃金が上がり続けている。**

日本で上がらないのは、賃金だけではない。

日本企業の株価は、回復してきているとは言え、１９８９年の最高値３万８９１５円を一度も上回っていない。一方、アメリカはと言えば、約40年間で株価は30倍以上にもなっている。

30年前の世界時価総額ランキングにはずらりと日本企業が並んでいたが、現在は見る影もない。２０２０年には、ＧＡＦＡＭ（Google、Amazon、Facebook、Apple、Microsoft）わずか5社の時価総額が、日本の東証一部上場企業２１７０社すべての時価総額の合計を上回ってしまった。

もちろん、賃金が上がっている国ではそれに伴《ともな》って物価も上がっているし、国民全員が株価の恩恵《おんけい》を受けているわけではないから、暮らしやすさを一概《いちがい》には比較できないが、それでもアメリカなどが経済的に成長していることは間違いない。日本だけがおいていかれている印象は否《いな》めない。

日本が科学技術の先進国だったのもいまは昔だ。

自然科学系の研究論文数は、１９９６年〜１９９８年は年平均６万７０４本で世界２位。これが２０１６年〜２０１８年には年平均６万４８７４本で世界４位。論文数は増えているものの、年平均約30万本の中国、年平均約28万本のアメリカ、そして人口が日本の６割強であるドイツ（年平均６万７０４１本）にも抜かれてしまった（２０２０年８月、文部科学省 科学技術・学術政策研究所の発表）。

いまはまだ日本人のノーベル賞受賞者も毎年のように選出されているが、将来はノーベル賞が取れなくなるのではないかという悲観的な声もある。

日本が足踏みをしているあいだに、世界はどんどん先に進んでしまっているのだ。

それでは、いったい日本はなぜここまで沈滞してしまっているのだろうか？

その原因は**「流動性の低さ」**に尽きる。そう僕は考えている。日本における人材の流動性の低さは、目を覆《おお》うばかりだ。

人間の能力というものは、自分ひとりで成立するものではない。適材適所というように、その人に合った環境なり組織なりがあって、初めて人の能力というものは最大限に発揮される。

だが、**自分にふさわしい環境に一発で出合える人など、まずいない**と言っていい。

日本では、企業の新卒一括採用がいまだに慣習となっているが、高校生や大学生の段階で、自分に何ができるのか、自分は何がしたいのか明確に意識できている人は、本当にほんのひとにぎりだろう。

僕の場合は、キャリアを弁護士から始めてたまたまうまくいったが、最初の就職先で天職に出合うことなど、そうそうあるものではない。

仕事の内容がどうしても好きになれないということもあるだろうし、上司や同僚とうまくいかないことだってある。そんなことは当たり前だ。

ある企業が自分と合わないというのであれば、さっさとその企業を辞めて別のところに移動するべきだが、**日本社会の仕組みはとことん企業間移動を妨《さまた》げる**ようにできている。

企業が人を正社員としていったん雇用したら、基本的に解雇することはできない。

労働者としては、簡単にクビを切られない反面、企業の言うなりにならざるをえなくなる。給料が安くても文句は言えないし、なかなか休むこともできない。マイホームを買ったとたん、遠方に転勤を命じられることだってある。

不満を呑み込んで嫌々でも仕事をしていれば、クビになることはないわけだから、生活に安心感があるというメリットもあるわけだが。

非正規雇用についても、流動性は低い。キャリアを重ねてステップアップすることが難しいし、スキルを伸ばす再教育の仕組みも整っていない。結局、不安定な働き方をずっと続けざるをえなくなる。

こんな日本が沈滞から抜け出すには、**人材の流動性**を高めるしかない。

国や自治体の施策はもちろんだが、個人が自分の人生を攻略するうえでも、「流動性」が最大のキーワードとなってくる。

ポイント

日本沈滞の元凶は「流動性の低さ」

人材をぐるぐる回す

橋下　徹

経済を回すのが大事とか、景気が良い悪いなどとよく言われるが、経済とはいったい何なのだろうか？

大学時代、僕は政治経済学部に所属していたが、経済学の講義にはあまり関心を持てなかったし、あとで役に立ったという記憶もない。

経済的合理性に基づいてのみ行動するとかいう、実際には存在しない経済人（ホモ・エコノミクス）なんてものを前提に、小難しい経済理論を組み立てて、それをもっともらしく解説する。そうした古典的経済理論は現実とはまったく乖離《かいり》した、机上の空論に思えたのだ。

だからといって、経済自体に無関心だったわけではない。やはり理論は知っておく必要はあると思い、限られた範囲ではあったが、自分なりにいろいろと本を読みあさって勉強したし、社会人として働くようになってからも、経済について考え続けてきた。

そのようななかで、僕は経済について一定の結論にたどり着いた。ものすごく乱暴に言ってしまえば、**経済とはヒト、モノ、カネが動いて熱を発するという現象だ**。

さまざまな人材がさまざまな場所で交流して、知見を交換し合う。需要があるところに、必要なモノを作って送り届ける。大きな事業のために、投資を募《つの》り、利益を生み出す——。

ヒト、モノ、カネが活発に動けば、そこに必ず熱が生まれる。能力が発揮できる場所を求めてやってきた人材がぶつかり合って、知恵を出し合い、おもしろいプロジェクトを進めていく。

そうやって生まれた熱が社会を温め、豊かにしていくのだ。

ヒトが動かないと、何も物事は進まない。机上の空論で「こうすればうまくいく」と言ったところで、実際にヒトが動かなければ経済は熱を発しない。

ここでのヒトの移動とは、場所の移動だけでなく職の移動という意味が重要である。そのような意味で日本においてヒトが動かないというのは、民間企業に限った話ではない。

政界、官界、財界、学界、あらゆる分野において流動性に乏しく、ヒトが動かずにいるのが、日本の現状だ。

僕は大阪府知事になって政治の世界に足を踏み入れたが、官僚たちの感覚があまりにも民意とズレていることに愕然《がくぜん》とした。日本の場合、一度官僚になったら、ずっと官僚の世界にとどまって、その世界の常識で仕事をし続ける。民間で働くこともないから、世間の感覚や相場観がわからない。

逆に、民間で働いている人間や学者も、政治行政の現場を知る機会がない。メディアに登場するコメンテーターや学者も、政治行政の現場を知らないから、実務からかけ離れた的外《まとはず》れのコメントばかりする。

府知事になって身をもって知ったのは、政治行政において重要なのはただひとつ、政策を実行するかどうかということ。けれど、政治行政の現場を知らない学者やコメンテーターたちは、机上の空論ばかりを押しつけてくる。幸いにして、僕は両方の世界を経験することができた。

いまの僕はコメンテーターの仕事もしているが、完璧《かんぺき》ではないにしても机上の空論をコメントしないようにはしているつもりだ。

民間企業も含め、政官財学、**あらゆる分野において人材がぐるぐる回るような社会にする**ことを日本は目指すべきだろう。

その点について、アメリカのやり方はやはりすごいと感じさせられる。

アメリカでは大統領が変わるたびに、周辺のスタッフも入れ替わる。政権交代が起これぱホワイトハウスの高官やスタッフもみんなクビを切られるわけだが、それで困ったりはしない。大学の教員になる人もいれば、民間企業に移る人もいる。

調査研究を行って政策を提案するシンクタンクで働いているのも、実際に政治行政の現場に携わっていた人たちだ。前の大統領の下で補佐官をしていたとか、何々省に勤めていたという人たちが自分たちの経験や知識を活かし、どうやって実行するのかという視点を持って、政策を練り上げ提案する。

そうして練り上げられた政策案をもとに、政治家たちは議論を繰り広げる。日本の学者たちの使い物にならない提案とはまったく異なる。まさにアメリカの政治に熱を生み出しているのは、人材の流動性だと言えるだろう。

台湾もすごい。デジタル担当大臣のオードリー・タン氏は、コロナ禍のなか、限られた数量のマスクをスピーディに配布するなど、ＩＴを駆使した施策を次々と打ち出し、世界的に注目を集めた。

自身が優れたプログラマーでもあるタン氏は、さまざまなＩＴ企業の立ち上げに参加した起業家としての顔も持つ。はたして、こうした人材が日本の政治行政で手腕を振るうことができるだろうか。

日本にも政策提案を行うシンクタンク的な役割を持った組織は存在する。けれど、そうした組織に所属しているのは、政治行政に関わったこともない生粋《きっすい》の学者だけだったりする。彼らが提案してくるのは、使い物にならない机上の空論ばかりだ。

こんなヒトの集まりのなかから、熱が生まれようはずもない。

自分の人生を振り返ってみると、僕は弁護士になってから、テレビの仕事にも足を踏み入れ、その後、知事、市長になり、国政政党の代表を務めたあとに、また弁護士に戻ってテレビの仕事や講演会の仕事をしている。
いろいろな仕事に移動することで、自分自身の熱を発することができているのだと思う。

ポイント

ヒト、モノ、カネが動けば熱が出る。
その熱が豊かさを生み出す

情報リテラシーがあるかないか。それが明暗を分ける

堀江貴文

個人でも企業でも、お金がなくなって行き詰まってしまうケースは少なくない。特にコロナ禍によって給料が減るどころか働き口がなくなってしまった人や、お客がばったり減って店を畳まざるをえなくなった飲食店も増えた。

困窮《こんきゅう》している人や企業にどうやってお金を給付するかという議論が盛んに行われているが、そうしたなかで重要な事柄がひとつ見落とされているように僕には見える。

それが、**情報リテラシー**だ。

例えば、母子家庭で子ども2人を育てなければならず、生活保護に頼ることになったといったケースはよくある。こうしたケースで当事者の話を細かく聞いてみると、毎月の携帯電話料金が3万円もかかっていたりすることも珍しくない。

僕は、必要であれば生活保護の仕組みは上手に活用すべきだと考えており、生活保護がいけないなどとは思わない。しかし、先に挙げたようなケースなら、格安ＳＩＭをイオンモールなりどこかで買うだけで、月々の携帯電話料金を数千円程度に抑えることができるだろう。浮いたぶんのお金を別のことに使うこともできる。

「生活保護世帯だからといってお金の使い方に制限を設けるべきではない」という意見もあるのは承知しているが、行政はお金の使い方が下手な人に、もっとうまくお金を使うための知恵を授《さず》けてもいいのではないか。

企業についても同じことが言える。

僕からすれば、**当たり前のことをやっていないせいで経営がうまくいかず、市場から退場するはめになるケースがけっこうある**ように見えるのだ。

なかでも飲食店の経営者は、良くも悪くも純朴な人が多い。「料理を作るのが大好きです」「お客さんにおいしいものを食べて喜んでもらうのが嬉しい」、そういうモチベーションがあるのは良いことだが、経営やコストの意識が希薄なのは問題だ。営業という考え方を持っていない人もいる。

極論すれば、「おいしい料理さえ作って、店を開けて待っていれば、お客さんが来てくれる」と勘違いしているせいで、困った状況に陥《おちい》っていたりするのだ。

農林水産業や建設業のように、政治的な影響力が強い業界はものすごく手厚いセーフティネットが用意されているせいで、放漫経営をしていても潰《つぶ》れない仕組みになっている。いろいろな補助金制度があり、低金利の融資もある。だからといって、あらゆる業界が「うちにももっとお金をくれ」と言い出すのはよろしくない。

「日銀券なんていくらでも刷ればいい」と言う人もいるが、そうやってお金をジャブジャブにしたら必ず歪《ゆが》みが生じる。その歪みがまたどこかで大恐慌のようなイベントを引き起こして、さらに生きづらい社会にしてしまう。

だから、供給するのはお金ではなく、知恵、情報リテラシーであるべきだ。逆に言えば、情報リテラシーさえあれば、十分にやっていける会社はみんなが思っているよりもはるかに多い。

飲食店業界も、いまどきのツールを活用すればコストは大幅に下げられる。一例が予約管理だ。カウンターとテーブル数卓合わせて20席くらいの小さなレストランはそこら中にあるが、こうした店では予約をいまだに紙の台帳で管理していたりする。予約はすべて電話で受けて、台帳に鉛筆で記録するから、書き忘れたり字が読みづらかったりしてダブルブッキングも頻繁《ひんぱん》にありうる。下手すると丸々スタッフ１人が予約管理にかかりきりになってしまう。

こうした問題は、クラウドで予約を管理する「トレタ」のようなサービスを使えば簡単に解決できる。ダブルブッキングのような事故も防げるし、予約を受けるために貴重なスタッフの労力を浪費せずに済む。

1つの情報を知っているか知っていないかの違いが、店や企業の存続に直結することもあるのだ。

ネットやスマホ、SNSがなかった時代には、情報を集めて知恵を身につけるのは難しいことだった。いまやそれが簡単にできるのだから、個人も企業も最大限に知恵を活用すればいい。

もちろん、情報リテラシーの高い人材がまだまだ少ないということもわかっている。僕が出資している会社も、飲食店向けにクラウドサービスの導入を行っているのだが、タブレットの使い方を一からクライアントに手取り足取り教えなければならなかったりして、苦労しているそうだ。

そこで行政の出番だろう。2008年に静岡県富士市が開設した「f-Biz」(富士市産業支援センター)は、相談無料でさまざまな分野の専門家が個人や企業を対象にコンサルティングを行うというもの（2020年6月に閉所）。f-Bizをモデルとして、ご当地ビズと呼ばれる同様の支援センターが各地に次々と誕生している。

僕の知り合いに元リクルートのマーケティング専門家がいるが、彼は長崎の壱岐《いき》市に移住し、「Iki-Biz」（壱岐しごとサポートセンター）にコンサルタントとして登録した。壱岐の事業者であればこうした専門家にコンサルを無料で依頼できたのだ（2020年8月に開設期間満了を迎え閉所）。

事業者の話を聞いたコンサルタントは、「こういう方向に努力をしたほうがいい」「こういうクラウドサービスを使えば効率化できる」といったアドバイスを行う。ちょっとしたアドバイスだけでも、業務改善効果は著《いちじる》しく、ご当地ビズに相談した事業者の多くが売上げ増を達成しているという。

個人であっても企業であっても、**生き残るためのカギは情報**であると理解するべきだ。

ポイント

情報と知恵を使いこなせば、
局面はガラリと一変する

「現状維持」という魔物

橋下 徹

人や企業を元気にするための原則は、高い流動性だ。

だからコロナ禍にあっては、現実的なヒトの移動、場所の移動が制限されることで、経済が大打撃を受けた。特に、飲食業界や観光業界などの落ち込みが激しい。

流動性とは、現実的なヒトの移動や場所の移動にとどまらず、企業の新規参入や廃業、転職などももちろん含まれる。だが社会が非常事態にあるときに、なんでもかんでも流動性を求めるべきではない。

コロナ禍では、飲食業界や観光業界が大きなダメージを受けているが、そうした業界が完全に潰れてしまったら、一から立て直すのは容易《ようい》なことではない。

だからコロナ禍において、感染拡大を抑えるために、資本主義の根幹である社会経済活動を止める非常事態措置をとったのなら、まさに資本主義的なメカニズムの柱である、企業の新陳代謝という流動性も止めなくてはならない。現存の企業をできるかぎり守るという現状維持も必要だ。

営業自粛をしてもらったところには補助金を出すなど、お札をどんどん刷って市中にお金を回して廃業をできるかぎり止めるべきだが、そんなことはいつまでも続けられるわけがない。

現状維持が良いというのは、あくまで例外だということは認識しておくべきだ。

いったん止めた資本主義のメカニズムを再び動かす過程では、あらためて流動性を高めていかなければならない。

大ダメージを受けた業界にしてもそうだ。飲食業界でも、勢いのある店は業態を大胆に転換しはじめている。店舗を構えてお客さんに来てもらうスタイルから、通販型や宅配型にシフトして、利益を上げるところも出てきた。

政治行政が今後支援するべきは、業務転換を行える流動性であり、現状維持ではないと明言しておきたい。残念ながら、多くの政治家は、いまの利益を守りたい人たちからの票をあてにするので、どうしても現状維持に走りがちなのだが。

現状維持を一番の目標に掲げて、流動性が低くなってしまっている社会は、確かに安泰《あんたい》ともいえる。ただし、その安泰は既得権益者のものであり、あなたのためのものではない。既得権益者というと何やらすごい金持ちや悪い政治家をイメージするかもしれないが、そうではない普通の人たちだってうまい汁を吸える立場になったら、あっという間に既得権益者になる。いま利益を得ている人たちは、いまが変わらないほうがいい。

就職したら野心的なプロジェクトを手がけようと息巻いていた学生にしても、昇進していくに連れてどんどん保守的になっていく。クビになったり冷《ひ》や飯《めし》を食うはめになることを恐れて、無難なことしか言わなくなったりもする。

僕自身も、偉そうなことは言えない。僕が司法試験を受験したころ、合格者は600人、700人に絞られていた。当時は司法試験なんて運転免許試験と同じような資格試験にして、最低限の基準を満たした人材ならみんな合格させればいいと思っていたものだ。

実際、アメリカでは、弁護士資格自体は、簡単とは言わないまでも、日本の司法試験ほど狭き門ではない。法律事務所勤務や、法律事務所開業以外にも、民間企業の法務部や公的部門など、さまざまな場所で弁護士資格を持った人間が働いている。

ところが現金なもので、実際に自分が司法試験に合格してみると、仕事の取り合いが生じないように、あまり合格者を増やさなくてもいいんじゃないか、とも思ってしまった(笑)。もちろんいまは、日本のためには、合格者数を絞り込む試験ではなく一定の基準を満たせばどんどん合格させる試験にしたほうがいいと思っている。

競争を重んじる僕にとってさえ、自分が利益を受ける立場につくと、既得権益は甘いささやきにもなるものだ。

社会で活躍し始めた、あるいはこれから社会で活躍しようという人の多くは、残念ながらまだたいした既得権益の恩恵にはあずかっていないだろう。だからこそ、そういう人たちには現状維持を打ち破って、流動性を高めてもらいたい。

上の世代は、年功序列での昇進や昇給というエサを目の前にぶら下げられて必死に働き、現状維持に努めたが、そんな仕組みはもう崩壊している。

これからの世代が、熱気にあふれた、ワクワクできる社会を求めるのなら、現状維持を選択するべきではない。

政治行政も、このような流動性を高める施策を柱に据《す》えるべきだ。

ポイント

あなたは既得権益にあやかれない。
だから現状維持を打ち破ろう

人材のミスマッチの解消法

橋下　徹

流動性こそが、未来には不可欠だと僕は考えているが、なかなか日本社会は動くことができない。

リスクを恐れる日本人ならではのマインドもあるが、法的な足かせがあることも大きい。**最大の制約は、「解雇規制」だ。**

日本企業は、よほどのことがないかぎり、正社員を解雇することができない。整理解雇の四要件といって、人員整理の必要性、解雇回避努力義務の履行、被解雇者選定の合理性、解雇手続の妥当性、これらすべてを満たさずに解雇すると、それは不当解雇ということになってしまう。

だから企業は、人員の調整を非正規社員で行うことになる。**正社員の立場は強固に守られているが、それが逆に正社員を苦しめている元凶にもなっている**ことはあまり知られていない。

クビを切られない代わりに、正社員は企業側からいいように使われてしまう。残業を断りにくかったり、有給休暇を取りにくい雰囲気があったり。理不尽な要求にも応えなければならず、ストレスがたまるというのは、サラリーマンなら誰しもが経験していることだろう。

解雇規制があることで、企業側は柔軟に人材を入れ替えることも難しい。新しい事業を始めるとなったら、その分野に長《た》けた新しい人材を雇いたいところだが、従来の人材を解雇するわけにはいかない。

こうして雇用の流動性がなくなると、一見、正社員の地位は安泰のように見えるが、実のところ、企業にとっては「社員に逃げられるリスク」がなくなる。

社員に逃げられるリスクのない企業には、社員を引き留めておくために、社員の労働条件を良くしようというインセンティブが働かない。つまりその企業は、社員の利益をできるかぎり高めようという熱を発しないのだ。

雇用の流動性が乏しく、簡単に転職できない日本の状況では、企業において常に人材のミスマッチが起こっていて、自分の能力を最大限に活かしていると感じている人は限られているようだ。

アメリカのギャラップ社が2017年に発表した調査では、[*2] 日本において熱意あふれる社員の割合は6％。アメリカの33％、世界平均の15％と比べて圧倒的に低く、139カ国中132位という有様《ありさま》だ。

誰もが転職しやすい環境が望ましいのは明らか。**雇用の流動性は高いほうがいい**。そこで解雇規制を緩和するべきだと主張すると、必ず「クビ切り橋下だ！」という批判の声が上がるのだが、僕は企業が社員を一方的に解雇できるようにしろと言っているのではない。

大事なのは、人材のマッチングだ。

人材の移動を制度としてきちんと支援するというのが、解雇規制緩和の大前提である。企業と個人をマッチングさせるための仕組みを作る。必要なスキルを身につけられる教育プログラムを作り、誰でも無償で受けられるようにする。そうして、企業を辞めた人間が転職するまでのあいだ、一定の生活費をしっかり補償する。

そうした人材移動を支援する仕組みを作ったうえで、企業のニーズと合わない人材は交代してもらえるようにするのが雇用の流動性を高めるための理想だと考えている。

僕は大阪府知事のころから一貫して、こうした解雇規制緩和を主張してきた。当然、日本全体で解雇規制緩和をいきなり始めるとなれば、大混乱が起きるだろう。だったら、まずは一部の地域から始めればいい。これが特区制度の思想だ。

2008年、僕が府知事に就いたときの大阪は、見るからにどんよりと沈滞の空気が漂っていた。そんな大阪を元気にするためのカンフル剤のひとつとして、御堂筋《みどうすじ》界隈にある船場《せんば》地域を解雇規制緩和の特区にしようと提案した。

この特区では、企業のニーズと社員の能力がうまくマッチングしないときには素早くその社員を交代させられるようにしよう、その代わり、収入面はしっかり保障するようにする。高額報酬をきちんと払える企業だけが、そうした特権を享受《きょうじゅ》できるようにし、逆にそのような高額報酬をもらえる社員は、交代させられる覚悟を持たなければならないと考えたのだ。

伸び盛りの企業は、事業の展開に応じて柔軟に人材を採用したいと考える。事業の黎明期、成長期、成熟期とフェーズが変われば、必要な人材も変わってくる。いったん採用した人材を入れ替えることができないと企業は採用に慎重になってしまうが、状況に応じて代えられるのであれば、人材をどんどん採用したいと思っている企業は多い。

能力に応じて高い報酬を得られるとなれば、自分の実力に自信を持った、血気盛んな人材もやって来る。

僕は御堂筋界隈の船場地域をそんな勢いのある企業と人材が集まる場所にしたかった。そうしたコンセプトに基づいて、特区申請を行ったのだが、マスメディアに「クビ切り特区」というネガティブな呼び名をつけられてしまった。

国も及び腰になってしまい、残念ながら特区構想は日の目を見ることがなくなってしまった。

しかし、世界を見渡してみれば、同様のコンセプトで大成功している地域はいくらでもある。なかでも最大の成功例は、中国の深圳《しんせん》だろう。

かつての深圳は寂《さび》れた漁村にすぎなかったが、１９８０年に経済特区に指定されて外資企業を受け入れて以降、急速に発展を遂げていった。２０１８年の人口は１３００万人、ＧＤＰ（国内総生産）は上海、北京に次ぐ、中国第３位の都市となった。**さまざまな規制を緩和し、ヒト、モノ、カネの流動性を高めたことが、深圳の発展を支えている。**

深圳に限らず、ベトナム、フィリピン、マレーシア、カンボジアなど東南アジアのいたるところで経済特区が設けられ、深圳に続こうとしている。

流動性を高めた結果の成功例を目の当たりにしていた僕は、大阪でも同じことができると証明したかったのだが、現状維持を望む勢力の壁をどうしても突破することができなかった。

だが、現状維持では豊かになることはない。**経済成長しない、働いても給料が上がらないという日本のいまの状況は、世界の常識ではないのだ。**

ポイント

人材のミスマッチは常に起こりうる。
あなたは自由でなければならない

あなたの収入が増えるかどうかは、業界構造で決まる

堀江貴文

一生懸命働いているつもりでも、作業は楽にならず、給料も上がらない仕事はたくさんある。

コロナ禍では、医療・介護、物流、小売、公共交通などのエッセンシャルワーカーにしわ寄せが行ったことがクローズアップされた。

エッセンシャルワーカーのなかでも、特に医療関係者は人材供給が厳密にコントロールされ、国家資格を取らないと職に就けないようになっている。誰でも簡単に医師や看護師になれると、過剰に人材が流れ込んで、市場原理で賃金が低下してしまう。

雇用市場において、医療関係者が比較的高給を得られるようになっているのは、こうしたコントロール下にあるからだ。

人材供給のコントロールによって賃金水準は維持されるが、その反面、仕事の効率化が進まないというデメリットも大きい。

日本の病院やクリニック、なかでも公立病院の経営状態は非常に悪い。こうした病院における経営課題のひとつが、看護師の雇用だ。看護師は常に人手不足で、病院はいかに看護師を確保するかにいつも頭を悩ませている。看護師を確保するのが難しいから、病院としては看護師の嫌がる改革にはなかなか手をつけづらい。

実を言えば、病院の仕事というのはいろいろと無駄《むだ》が多い。手術にしても、手術1回当たりの原価計算が正確にはできなかったりする。カテーテルのような消耗品がいつどれだけ使われているのか帳簿できちんと管理されていない病院もあり、不正の温床《おんしょう》になっていることもある。

こうした問題には、テクノロジーで簡単に解決できるものもある。カテーテルならパックに印刷されているバーコードをスキャンして、データベースにデータを登録し、伝票にも自動的にそのデータが反映されるようにしておけばいい。

だが、こうした原価計算システムを病院側が導入しようとしても、看護師の反対にあって頓挫《とんざ》するケースが少なくない。

確かにただでさえ忙しい看護師業務に、新しい作業が追加され、手順を覚えなければならないとなれば、反対したくなるのもわかる。しかし、新しい作業が1つ増えたとしても、全体として効率化ができれば、結果的に1人当たりの作業量を減らせることになる。

新しいシステムが導入されて仕事が増えてしまう、そう条件反射的に反対するのではなく、全体としてどんな効果があるのかを病院側ともきちんと話し合い、仕事が楽になるよう持っていくべきだろう。

忙しいからといって、**慣れ親しんだ現状に甘んじていては、いつまで経っても仕事は楽にならないし、給料も上がらない**。

エッセンシャルワーカーの作業のうち、本当に必要な作業は現在よりももっと少なくできるはずだ。

人間が目で見て判断していた作業も、精度の高いＡＩで置き換えられる。すでにＡＩを使ってＸ線やＭＲＩの画像を分析し、ガンの判定を行うサービスは登場している。「ダヴィンチ」のような手術支援ロボットも登場している。カルテの管理も電子カルテシステムで効率的に行える。

テクノロジーを活用して、できるだけ人間が必要ない状況を作り出すことが結果的に人間を自由にするのだが、そうした流れに抵抗するのも人間だ。

仕組み化することで、市場がシュリンクすることを恐れる業界関係者はとにかく効率化に反対する。現状維持を図ろうとすれば、無駄な作業のために人材が常に供給され続けることになり、給料も上がらない。

こうした業界で給料を上げようとすれば、税金を使って補助金を投入するしかなくなってしまう。労働者自身が現状維持を望むほど、労働者の自由はさらに制限されてしまうのだ。

当然、進化したテクノロジーを積極的に導入していったとしても、キツい労働はゼロにはできない。誰かがそのキツい労働をこなさなくてはならない。

けれど業界として**自動化、効率化が進んでいれば、人間がこなさなければならない作業**

の価値は上がる。市場原理によって、キツいけれどそれに見あった報酬を得られる仕事に変わっていくはずだ。

では、個人としてできることはあるだろうか。

エッセンシャルワーカーに限らず、キツい業界に入ってしまった人は、業界構造がどうなっているのかを客観的に考えてみるべきだ。**どんなにがんばっても、給料が上がりようがない構造になっていないだろうか**。どうしても構造的に無理だと思うのなら、現状にしがみつくメリットはない。

もし人手がどうしても足りないと懇願《こんがん》されるのであれば、それは給料を上げてくれるよう交渉できるチャンスだ。

そして、自分のやっている仕事は、いまより楽にならないかを常に意識し続ける。その結果、自分がいなくなって機械を入れたほうが仕事を効率化できると気づいてしまうかもしれない。

きっとそうなれば不安になるだろうが、恐れることはない。あなたは、あるべき業務のかたちについて、会社に提案できる視点を得たのだ。
「自分なんて」いなくてもいいと自虐的に考えるのとは違い、自分抜きでも回る仕組みを考えられることは、人間をもっと自由にする。

ポイント

構造的に無理なら、しがみつくメリットはゼロだ

困っているなら、迷わず他人に頼れ

堀江貴文

個人にしろ、企業にしろ、大事なのは情報リテラシーだと先に述べた。
情報にアクセスできさえしたら、あるいは情報を持っている人に尋《たず》ねれば、「この部分のコストは削れるんじゃないか」「コストコでまとめ買いしたら安くなる」といったアドバイスはいくらでももらえる。

ITなどの仕組み化で、コストや人手不足に関わる問題のほとんどは解決できると僕は考えているが、ひとつ厄介《やっかい》なものが残っている。それは人のマインドの問題である。

情報リテラシーが低い人というのは、往々にして他人に頼ることができない。

他人に頼れないというのは、強さではない。どうでもいいプライドが邪魔《じゃま》をしているだけ。**「人に頼る力」**に欠けているのだ。

おそらくこういう人は、子どものときから「人に頼るのはみっともない」という教育を受けて育ってきたのではないか。

企業の経営者には、人に頼らずにやってこられたことを自慢にしている人もいるが、そんなのはたまたま運が良かっただけのことだ。

人に頼るのは、決してみっともないことではない。お金がなかったら、頭を下げて借金を頼む。自分だけではどうしようもないことがあったら、頭を下げて力を貸してもらう。

知らないことがあったら、変な見栄《みえ》を張らずに教えを請《こ》う。

僕自身、何度も人に頼ってきた。起業するときには人に頭を下げて借金をしたし、人に頼ったおかげで自分だけでは絶対に不可能なビジネスを実現することもできた。

人に頼るとき、丁寧《ていねい》にお願いはしても、卑屈《ひくつ》になる必要なんてない。

実は人間というのは、他人に頼られるとつい助けてしまう性質を持った生き物である。

みんな、助けたがり屋なのだ。

誰かから頼られ、それに対して何らかの役に立てると、「良いことをした」という満足感や、「俺はできるやつ」という優越感が得られるものだ。

頼られた人はそういう満足感や優越感といった御利益《ごりやく》を得ているわけだから、頼るほうは一方的に相手から施しを受けているわけではない。

「私が頼るおかげで、あなたは優越感を得られるのだから、これは正当な取引」、それくらい図々しくてちょうどいい。

ただ、そういうふうにマインドセットできない人がけっこう存在するのもまた事実だ。

行政などが本当に行うべきは、「人に頼れない人」を無理やりにでも助ける仕組みを作ることだろう。

ポイント

余計な見栄は捨てよう。
人に頼ればたいていの問題は解決できる

「他人に頼れない人」を救う「公助」のあり方

橋下　徹

人に頼られ、人に頼る。人を助け、人に助けられる。このやり取りの連鎖によって社会は成り立っている。

「自助《じじょ》、共助《きょうじょ》、公助《こうじょ》」という言い方がある。自分自身や家庭で何とかするのが自助、地域などのつながりで助け合うのが共助、公的な機関による支援が公助ということになる。

昔の日本は、共助が充実していた。

町内にはお節介《せっかい》なおじさんやおばさんがいて、住民の近況をしっかり把握していた。食材や日用品は、商店街にあるなじみの八百屋や魚屋で買う。おかずやもらい物が余ったら、隣近所にお裾分《すそわ》けする。

地域社会のウェットな人間関係は時に煩《わずら》わしく、息苦しいものにもなるが、共助として機能していたのは間違いない。

日本の政治行政も、ウェットな人間関係を前提として社会保障の制度を設計してきた。また公助といいつつも、役所と住民の関係もウェットだった。役所の窓口で働いている公務員も、是非《ぜひ》はともかくとして、顔なじみの住民に自分の裁量で融通を図ったりもしていた。

「自助、共助、公助」は、それぞれが独立しているのではなく、一体となって初めて機能する。

自己責任の自助でがんばれ、それが無理なら共助、最後に公助を頼れと言われても、いまや共助は果てしなく薄くなっている。

かつての大家族から、夫婦と子どもだけの核家族、そしていまや単独世帯が急増している。みずほ情報総研によれば、[*3] ２０１５年現在、日本には１８４２万世帯の単独世帯、つまり一人暮らしの人がおり、これは総人口の14・５％に当たる。２０３０年には、さらに単独世帯が増加して２０２５万世帯、総人口の17％を占めるようになると予測されている。

さらに企業においても、終身雇用の仕組みは崩壊し、非正規雇用が増加している。

一人暮らしが増え、地域でのつながりが薄れ、職場での助け合いも減っていく。ドライな社会になって自助、共助がどんどん難しくなっている。本当に困ったときには公助があると言われても、いきなり役所に頼れるものではないだろう。

本当に困ったときのために生活保護の仕組みはあるが、貯金などの資産形成が制限されるなど、利用しづらい面も多い。役所窓口の「水際作戦」で、あれやこれやと難癖《なんくせ》をつけられたり、世間の目を気にして申請に心が折れてしまう人もいる。

その一方で、生活保護を不正受給する不届きな人間もあとを絶たず、これをメディアが叩くものだから、さらに生活保護のイメージも悪くなっていく。

コロナ禍中の2020年12月には、厚生労働省のホームページに「生活保護の申請は国民の権利です」「ためらわずにご相談ください」というメッセージが掲載されて話題を呼んだ。これによって役所の「水際作戦」も減ることが期待されるが、困窮している人を救うにはまだ十分とは言えないだろう。


テクノロジーを使いこなせる人ならば、SNSで助けを求めたり、クラウドファンディングでお金を集めたりするといったこともできるかもしれないが、それをみんなができるわけでもない。

ほかに助けを求められない人を助けるための公助とは、役所の窓口に来た人だけに与えられるのではなく、国民全員に対して無理やりに押しつけるくらいのセーフティネットでなければならない。**生まれた瞬間から、日本で生活していくために必要な最低限のお金を与えられるようにする**のが理想だ。

だからこその、**ベーシックインカム**だ。これは年齢も所得も資産も問わず、国民に対して毎月一定額のお金を支給するという仕組みである。

一定額というのをいくらにすべきか、財源はどうするかといった議論はもちろんある。だが、すでに世界各地でベーシックインカムの社会実験は始まっており、特にコロナ禍でこれまで以上に注目を集めることになった。全員に一定額だから、所得や資産で支給額を分けるといった役所の手間も不要だ。

昔から「貧《ひん》すれば鈍《どん》する」という。明日の食事も十分に食べられるかどうかわからない、生活保護も認めてもらえない、そんな状態に追い込まれている人が、高付加価値の素敵なアイデアを思いつくなんてそうそうできることではないだろう。

『いつも「時間がない」あなたに　欠乏の行動経済学』（センディル・ムッライナタン、エルダー・シャフィール著、大田直子訳／早川書房）では、お金と知能テストの関係を調べた研究が紹介されている。

被験者が知能テストを受ける前に、「車に不具合があって修理に３００ドルかかるが、思い切って修理すべきか、このまま乗り続けるかを経済的な事情を考えて決定せよ」という仮定のシナリオが提示される。このシナリオでの修理代金が300ドルと3000ドルの場合で結果が異なってくるというのだ。

300ドルのときは、富裕層でも貧困層でも知能テストの成績は変わらない。けれど、3000ドルと高額になると貧困層の成績ががくんと（一晩徹夜した以上に）落ちるという。要するに、**お金のことが気になると頭が働かなくなる**ということが、科学的に実証されたということだ。

また、これはエビデンスがあるわけではないけれど、お金のストレスがなくなれば、家庭内暴力や犯罪も減ってくるんじゃないかという気もする。

自己責任で何とかしろというだけではなく、きちんと社会的な支援の仕組みを整えたほうが、社会全体の付加価値を増すことにもなるのではないだろうか。

ただし、ベーシックインカムのような仕組みを整えるためには、「金持ちまでお金をもらえるのは許せない」といった妬《ねた》みのマインドを変えていく必要もあるだろう。

この点は、事務効率を高めるために、所得による区分なしに金持ちにもいったん支給し、のちに税金できっちり回収すれば問題はない。いくらでも制度設計で対応できることだ。

ポイント

ウェットな地域社会は失われつつある。
ゆえにドライな「公助」が必要

第2章

働き方

労働生産性を上げるには？

橋下　徹

日本はとにかく労働生産性が低いと言われる。日本生産性本部の「労働生産性の国際比較２０２０年版」によれば、日本の時間当たり労働生産性は47・9ドル。77ドルのアメリカに比べると6割にすぎない。ＯＥＣＤ（経済協力開発機構）加盟国37カ国中21位、主要先進7カ国では１９７０年以降ずっと最下位という惨憺《さんたん》たる状況が続いている。

これは**日本人がほかの国に比べて、能力が劣っているとか、怠《なま》けているということではない**と思う。

労働生産性の定義は、労働の成果、つまり付加価値を、投入した労働量で割ったものである。

労働生産性 ＝ 付加価値 ÷ 労働投入量

要するに、少ない人手で、多くの成果を出せば労働生産性を高められるということになる。分子（付加価値）を大きくして、分母（労働投入量）を減らせば良いのだ。

これがすべての基本で、極めて簡単そうに聞こえるが、日本ではそんな簡単なことをなかなか実行できずに現在に至る。

労働投入量を減らすには、**企業の合理化、効率化を進めることが欠かせない**。人手が少なくても済むようにデジタル化、自動化を進めるという施策もそのひとつだ。

また投入した労働の効果を最大化しようとすれば、企業の資本規模は大きいほうがいい。

その点で言うと、日本は各企業の資本規模がとても小さい。個人事業主を含む中小企業が、数の上では全体の99・7％を占めているのだ。資本規模が小さいと合理化のための設備導入を行うことが難しい。

大型機械やコンピューターシステムに多額の投資ができないから、いつまで経っても人手をこき使ってなんとかしようとする。その結果、長時間労働、低賃金という悪循環に陥《おちい》ってしまう。

在日イギリス人で小西美術工藝社社長のデービッド・アトキンソン氏は、日本の企業規模をもっと大きくするべきだと訴えており、そのために最低賃金を上げるべきだと主張している。

最低賃金が引き上げられるとなれば、安い人手で非効率な仕事のやり方をしていた会社も、頭を使って効率化しなければならなくなる。新しいテクノロジーや設備を導入する必要が出てくるし、積極的に他の会社と合併したりしなければならなくなる。それができなければ市場から退場させられることになるだろう。

僕は基本的には彼の主張に賛成で、最低賃金は上げるべきだと考えている。ただ、こうした施策はいきなりやればよいというものではない。

例えば、韓国の文在寅《ムンジェイン》政権は、2018年に最低賃金を大幅に上げたことで混乱を拡めた。最低賃金を払えない企業が倒産したり、従業員を解雇したりしたことで失業率も上がった。

経済政策を行う際には、国全体の経済成長の度合いをきちんと観測しながら、こまめに調整していく必要がある。最低賃金は、経済全体の伸びよりも少し高めに設定するのがいい。低すぎるといまの日本のように企業経営者ががんばろうとしないし、高すぎると一挙に企業倒産が拡がって、大混乱に陥る可能性がある。

ちなみに、韓国の場合、最低賃金アップのあと、一時的に失業率は高まったが、すぐに落ち着きを取り戻した。しかも２０１９年には韓国の労働生産性が日本を上回っている。

日本でも最低賃金は少しずつ上がってきているが、いまの上げ幅は僕からするとまったく物足りない。これはあまりにも企業経営の安全側に振りすぎており、いくら何でも企業経営者に甘すぎる。経営者がもっと危機感を持つような環境になれば、必ず企業合併が進み、資本規模も大きくなって、投入した労働の効果は最大化されることになるだろう。

もちろん、いくら慎重に政策を進めても、最低賃金を払えない企業が従業員を解雇したり、倒産したりすることは避けられない。だからこそ、先にも述べたように**仕事を変えるための支援策やセーフティネット**を同時にしっかり設けなければいけない。

つまり一時期仕事を失ったとしても生活できるだけの金銭的な保障や、転職に必要なスキルを学べる再教育プログラム、そしてベーシックインカムなどが必要なのだ。
労働生産性は「付加価値 ÷ 労働投入量」だと言ったが、分母の労働投入量を減らすだけでなく、分子の付加価値を上げることでも高めることができる。

ポイント

労働生産性に重きをおけば、あなたの給料はおのずと上がる

十分な休息が あなたの「付加価値」を高める

橋下　徹

では、個々人が自分の付加価値を高めるにはどうすればいいのか。
拍子《ひょうし》抜けするかもしれないが、個人が付加価値を上げるための一番の方法はしっかり

「休む」ことだと僕は考えている。僕は中学、高校時代のラグビー部生活でこれを痛感した。

30年以上前、高校生だった僕はラグビーをがむしゃらにやっていた。当時の練習はと言えば、とにかく走れ、日陰に入るな、足を止めるなといった精神論のオンパレード。筋力トレーニングを集中的にやったあと、5キロメートルの長距離ランニングをさせられることもざらだった。

いまから考えれば、こんなトレーニングは最悪だ。筋力トレーニングをやったあとは、一時的に壊れた筋肉が回復し、再生するのを待たなければならない。栄養を取ってしっかり休息して、それから次のトレーニングを始めないと強靭《きょうじん》な体を作ることはできないのだ。

それなのに昔は、筋肉が作られる貴重なときに無駄《むだ》なカロリー消費を強制していたわけである。ラグビー選手なのにみんなマラソン選手のような細い体つきになってしまっていた。

当時の日本のラガーマンたちは一生懸命練習に励《はげ》んでいたのに、身体の面からまったく海外チームに歯が立たなかったのも当然のことだ。

現在ワールドカップで活躍している日本のラガーマンたちを見ると、隔世《かくせい》の感がある。たんに身体が大きいというのではなく、しなやかで強靭な筋肉を持った彼らは、海外選手にもまったく当たり負けしない。

そうした身体が作られるのも、きちんと休息する、科学的なトレーニングを取り入れているからだ。

身体だけでなく、良い知恵を出すためにも休息は欠かせない。

例えば、飲食店だ。同価格帯の飲食店でも、従業員たちが効果的に休めているところはうまくやっている。逆に昔ながらの徒弟制度のもと、弟子たちが深夜まで店に残って作業をし、次の日は早朝から仕入れや仕込みに追われるようなお店は難しい。

料理のクオリティも下がり、店の雰囲気も悪く、どんどん沈滞ムードが強くなってくる。お客が見るからに減っているし、店員にも元気がない。

たとえば、1日のお客は1回転だけ、夜7時にコース料理が一斉《いっせい》にスタート、お客も時間厳守で店に行かないといけない、そういうお店は元気がいい。あらかじめ決まったコースで予約制だから、食材のロスも出ないし、従業員もイレギュラーな対応に追われることがない。夜10時にはきっちり終わるから、みんな十分な睡眠時間を取ることができる。

しっかりと休みを取るからこそ、どんな料理を出すかについて徹底的に知恵を絞ることができるし、サービスにも全身全霊をそそぐことができる。それが高い評価につながるという好循環だ。

あらゆるお店が同じ手法を取るわけにはいかないだろうが、低料金のサービスで長時間労働をして疲れ果てていては豊かにはなれない。

経営者であっても従業員であっても、**高付加価値を生み出すのは十分な休息**だと理解すべきだろう。

同じ理屈で、十分な休息があってこそ社会も豊かになる。低賃金で疲れ果てていては、休みの日に消費をしようという気にもなれない。ゆとりの時間を持てるからこそ、おいしいものを食べ、どこかに遊びに行き、買い物をしようという気になるのだ。

日本の生産性が低い原因は、効果的に休むことをしない日本人気質にもあるように思えてならない。

ポイント

パフォーマンスを上げるには、睡眠とゆとりが不可欠

「非同期型労働」で時間効率を飛躍的に上げよう

堀江貴文

コロナ禍によって、日本企業でもテレワークを導入しようという気運ががぜん高まってきた。

だが正直、僕からすれば、いまさらそんなことを話題にしているのかと呆《あき》れている。僕は１９９６年にオン・ザ・エッヂという会社を設立し、その後ライブドアに社名を変えてインターネット関連事業を数多く手がけてきた。当時はＳＮＳもなく、ネット上のコミュニケーション手段は電子メールくらいのものだったが、僕はその利点を最大限に活用していた。

隣の席には秘書がいたが、僕が彼女に指示を出すのは電子メールを通じてだ。僕がパソコンをいじって何か作業しているときは、よほどの緊急事態を除いて、口頭で話しかけることは禁じていた。

当時、マスコミの取材をたびたび受けたが、彼らは一様に「すごく冷たい社長だ」として、おもしろおかしく僕を取り上げた。

隣の席にいるのに、話もしないなんて、何と非人間的な働き方をしているのだろうというわけだ。

いまはどの企業でも当たり前のようにメールを使っているから、さすがにそんなことは言われない。だが、いまでもはたしてどれほどの日本企業が事の本質を理解しているだろうか。

メールにしても、Facebook や LINE といったツールにしても、最大の利点は記録が残る点にある。記録があれば、言った／言わないの水掛け論は起こらない。

会食のためのレストランの予約をしておいてくれと僕が指示を出したのに、予約が取れていなかったとする。

記録があれば、「僕はこういう指示を出しているし、あなたはこれに対して返信をしている」とすぐにわかる。「これはあなたのミスだから、再発防止策はどうする？」と言える。

何もこれは部下を萎縮《いしゅく》させようとしているわけではない。僕がミスしていたら、それも記録からわかる。社長だろうが何だろうが平等に記録されるから、部下は僕のミスだときちんと指摘できる。

テキストとしてきちんと記録を残すことで、何をすべきかが明確になって業務が円滑《えんかつ》に回るし、ミスが起こったときの再発防止策も講じやすくなる。

パソコンやネットがなかった時代には、日報も紙で残さなくてはならなかったから、記入にはかなりの手間がかかった。けれど、デジタルであれば、やり取りがそのままテキストデータとして記録され、余計なコストも不要だ。

さらに、メールやSNSなどは、非同期型コミュニケーションである。これに対して、口頭や電話、ビデオ会議は同期型コミュニケーションだ。

同期型コミュニケーションでは、参加者の時間をお互いに同期させる必要がある。ぴったり同じ時間を共有しないとコミュニケーションがとれない。スケジュールを調整しないといけないし、リアルタイムにしゃべっていると未整理の思考を垂《た》れ流すことにもなるから、まったく時間の無駄だ。

非同期型コミュニケーションならば、相手の都合を考える必要がない。指示や返信も隙間時間にこなすことができる。

非同期型コミュニケーションを中心にし、やり取りはきちんとテキストとして残るようにする。口頭や電話でのやり取りは最低限に抑える。

こうすることで**時間効率は格段に向上**する。これまで8時間かけてやっていた仕事は、5〜6時間程度でこなせるようになる。時間単価は上がるし、空いた時間を休息や別の仕事に充《あ》てることだってできる。

テレワークに移行できないと言っている企業の人間は、こういうことがわかっているのだろうか。

メールやその他のITツールを使いこなしているつもりでも、本質的なところでデジタルツールの強みを理解していないのではないか。

テレワークの本質とは、Zoomのようなオンライン会議ツールを使うことではない。記録を残すこと、コミュニケーションを非同期型にすることが本質だ。

オン・ザ・エッヂではメールでの連絡を徹底していたのだから、20年前でもやろうと思えばテレワークに移行することはできただろう。

いまは電子メールだけではなく、SNSやチャットツールも充実しているし、同期型コミュニケーションがどうしても必要ならオンライン会議ツールもある。さらに、それらすべてをスマホ1台で全部こなせる。
僕には、テレワークができない理由を見つけることのほうがはるかに難しい。

ポイント

テレワークの本質はZoomを使うことではない。ドキュメント（記録）を残すことだ

対面主義から脱却せよ

橋下　徹

２００８年、大阪府知事になった僕は、さっそく仕事に取りかかった。手始めに副知事や部長らにメールを送ったところ、驚いた幹部連中が知事室に飛び込んできた。彼らは「知事がメールで指示するというのは、これまでの大阪府政では例がありません！」「知事と我々が話をするときは常に対面です！」と言う。

僕は怒るでもなく、なぜそういう慣習になっているのか尋《たず》ねたのだが、合理的な理由を説明できた幹部はいなかった。それなら問題なかろうと、僕からの指示は基本的にメールで行うことにした。


それでも最初のうちは大変だった。僕は夜にまとめてメールを送ることも多かったが、そうするとすぐに幹部たちから返事が来る。メールなら何十人に対しても同報して情報共有できるが、返事をしなくてもいい人間からもとりあえず返信が来る。深夜や休日にメールを送っても、即座《そくざ》に返信メールが来る。

僕からメールが来るのをみな戦々恐々《せんせんきょうきょう》と待ち構えていたのだ。知事からの指示にはその場で返答するというのが慣例になっていて、メールでも同じことをしようとしていたわけである。

これが2008年の話だ。

「そんなことをしていたらみんな寝られなくなるから、即座に返信をする必要はないですよ」と説明してやめさせたが、これほどまでに役所はITツールの活用が遅れていた。

幹部や職員の対面至上主義にはびっくりした。幹部や職員とメールで連絡を取っていると、必ず「この案件についてはぜひ直接会って説明させていただきたい」と言い出す。僕は「メールできちんと説明してくれたら、それでいいですよ」と言うのだが、「いや、直接会わせてください」と言って、庁内の幹部のみならず遠く離れた区役所からも区長がわざわざやって来たりする。

こういう人たちは、対面で実際に会って自分の熱意をくみ取ってほしいと思っているようだ。

僕は、**きちんと文章で説明されていないことについて、対面で会ったからといってOKを出すようなことはしない**。

メールで断られたけど会えば何とかなるんじゃないか、そう思っている人はいまでも多いのではないだろうか。

テレワークに移行できない企業や組織は、こうした対面至上主義に毒されている。チームで仕事をこなしていたつもりが、たんにお互い顔を見て安心していただけなのではないか。**いわば、チームワークごっこだ。**

適当な指示を部下に出した上司は、部下が目の前でとりあえず作業していることで安心する。「困ったことがあれば相談に乗る」と言って、またざっくりとした指示を出す。

もし、きちんとチームで仕事をするつもりなら、部下に対して明確な指示を出す必要があるし、進捗状況を管理する必要も出てくるだろう。それができているのであれば、上司と部下がずっと同じ空間にいる必要などない。

テレワークだと部下の管理ができないという人たちは、これまできちんとしたチームワークでの仕事をしてこなかったのかもしれない。

ポイント

「会えば何とかなる」は、本当に大事な局面では通じない

ウェットな人間関係にとらわれず、ドライに仕事を進める

橋下　徹

これまでの日本企業で当たり前だった雇用の仕組みや働き方が、いま大きく揺らいでいる。若い世代で終身雇用制度を信用している人は、もうほとんどいないだろう。

これまでの日本企業では、メンバーシップ型雇用が基本だった。高校や大学を出たら、企業の新卒一括採用で就職し、たいていは同じ会社のなかでキャリアを積みあげていく。正社員として採用されたのであれば、簡単にクビを切られることもないが、その代わり会社からの命令には逆らいにくい。

メンバーシップ型雇用では、各社員がどういう仕事を担当するのかがあまり明確になっておらず、会社都合でさまざまな業務を転々としてゼネラリスト的に仕事をこなすことになる。昇進するかどうかも、能力というより、年齢や社内の人間関係によって決まる傾向

が強い。

こうしたメンバーシップ型雇用では、産業構造の変化に応じて専門的スキルがある人材を適宜《てきぎ》配置することが難しい。社員としても、会社都合でさまざまな仕事をさせられるから、自分の適性や能力に応じてスキルを伸ばしていくのが大変だ。

そういうわけで、**注目を集めるようになってきたのがジョブ型雇用である**。

ジョブ型雇用では、職務内容がジョブ・ディスクリプション（職務記述書）で細かく規定されている。報酬や勤務地なども規定されているから、雇用者と被雇用者のミスマッチを防ぐことができる。

会社は求める専門的人材を適切に配置することができるし、社員も求められるスキルが明確になっているので、そうしたスキルを集中して伸ばすことができる。

ジョブ型雇用なら職務内容が明確だから、テレワークにも対応しやすい。さらに社内公募制と親和性があるので人事部から一方的に告げられる人事から、**スキルのある者どうしが職務・ポストを競い合う**人事に変わりうる。

また個人の能力が評価の中心になってくるので、企業側も働く者側も、能力中心に求人・求職することになり、企業間における人材の流動性も高められる。すなわち社内においても企業間においても流動性が高まる可能性がある。

成長している企業では主流になっていることもあるので、将来的にはジョブ型雇用が企業のあり方としてふさわしいのは明らかだ。ただし、その実現にはハードルがある。

僕は昨年（2020年）、「一般社団法人 日本働き方会議」の座長を務めることになって、メンバーシップ型雇用とジョブ型雇用についていろいろと研究したり、会議のメンバーとディスカッションを重ねたりした。その結果、ジョブ型雇用にも多くのデメリットがあることが見えてきた。

例えば、キャリアアップしやすいと言われるジョブ型雇用だが、必ずしもそうとは言えない。

ニッチモ代表取締役の海老原嗣生《つぐお》氏の「欧米には日本人の知らない二つの世界がある」[*4]によれば、欧米の場合はエリート層とその他の労働者が最初から完全に分かれている。エリート層は出世コースを猛スピードで駆けのぼり、その他の労働者は持っている資格に応じた仕事をずっとすることになるのだという。

同じ仕事にずっと就いているから、それぞれの労働者は習熟して仕事を楽にこなせるようになるものの、いくつになってもそれほど年収は変わらない。公的な職業訓練校で再教育を受けることもできるが、だいたい同じくらいの年収の仕事に移るケースが多いそうだ。

コロナ禍でテレワークが一躍注目を集めることになり、そのためにはジョブ型雇用だという論調も聞かれるようになってきた。だが、日本人すべてがこうした働き方に向かって進んでいくというのはさすがに無理があるのではないか。

人材の流動性は何より重要だと僕は考えているが、それを日本で実現するための**マストの方策がジョブ型雇用だとは必ずしも言えない**ように思う。

これまでの日本企業の足かせになっていたのは、ジョブ型かどうかというより、ウェットな人間関係だ。

ウェットな人間関係を維持したまま、いきなりジョブ型雇用をかたちだけ導入しても流動性を高めることはできないだろう。

日本企業や日本の働き手が**まず目指すべきは、ウェットな人間関係をベースにした仕事の進め方からの脱却《だっきゃく》だ。**先にも述べたように、対面至上主義から脱却して、明確な目標と指示をベースにして仕事を進めるようにする。人事評価は、目標と指示を達成しているか否《いな》かで判断し、無駄に長時間働いている人を高く評価するようなことはやめる。

ウェットな人間関係の職場でうまくやってきた人からすれば、ドライな仕事の進め方は非人間的で、冷たく感じるかもしれない。けれど、粘着質のウェットな人間関係が労働者を会社に縛りつけ、極端な言い方をすれば、奴隷的な働き方を強いてきたのではないだろうか。

ドライに仕事を行う組織に変えていく過程で、ジョブ・ディスクリプションを作ったり、評価基準の見直しをしたりすることもせざるをえなくなるだろう。その結果として、日本社会に適したジョブ型雇用に移行していくというプロセスがベターだろう。

ウェットな人間関係をベースにしたまま、いきなりジョブ型雇用を導入すれば必ず失敗する。

ドライに機能する組織であれば、オフィスに集まらなくてもテレワークで仕事は進められる。逆に、最初にテレワークありきで、大慌《おおあわ》てでジョブ型雇用を導入しようとしてもうまくはいかないだろう。

ポイント

ウェットな人間関係が、あなたを会社に不当に縛りつける

個人の時代。自分を活かすために組織を使いこなせ

橋下　徹

流動性の高い社会では、必然的にドライな関係性が求められることになる。雇用形態も、メンバーシップ型からジョブ型的なものに変わらざるをえないだろう。

そうした社会に、個人はどう適応していけばよいのだろうか。

組織の時代から、個人の時代に変わった。そうマインドを切り替えていくことが必要だ。勘違いしてほしくないが、個人の時代というのは、誰にも頼らず自分ひとりで何でもやるということではない。

20世紀、特に高度経済成長期は組織の時代だった。大量生産、大量消費に対応できる組織が利益を上げ、そうした組織に適した人材を養成するために、学校の教育システムも構築されていった。

体育の授業なんてその最たるものだろう。生徒全員を集合させ、前へならえをさせて、笛に合わせて一斉に行進させる。まさに、大量生産、大量消費に最適化した人材養成プログラムだ。

そうして養成された人々は、自分の全人格、全存在を会社組織のために捧げるようになる。何を作ってどう売るか、会社の言うとおりに働いていれば給料がもらえた。会社がどうして自分を必要としているのか、そんなことは深く考える必要もなかった。

僕はこうした働き方を全否定するつもりはない。

高度経済成長期には作れば作っただけモノが売れて、それに従って給料も上がっていったわけだから、たいていの人は幸福でいられた。

だがいまは、作れば何でも売れるという時代ではない。生活するのに必要なモノやサービスは誰でも安価に手に入れられるようになり、大量生産のどこにでもある商品には高い値段がつくことはなくなった。

こんな時代には、**少しでもチャンスのある仕事へと移動していくべきだろう**。自分の得意なことを見極めて、その能力を高める。そういう自分を高く評価してくれる場所を探して、移動する。

個人の時代とは、行動の主体が組織から個人へと移るということだ。個人が自分の意志によってどうやって働くのかを決める。**組織のために働くのではなく、自分を最大限に活かすために組織を使いこなす**。

主体が自分だから、自分のパフォーマンスを上げるためには、組織に滅私《めっし》奉公《ほうこう》するのではなく、適切にオフの時間を取ることが必要だろう。組織が不公平な取引を個人に押しつけてくるのであれば、ルールや記録を活用して、対等に取引するべきだろう。ウェットな人間関係にかこつけて、サービス残業をさせようというのであれば、きちんと断るべきだ。

ドライな人間関係に慣れるというのは、そういうことである。

別にドライというのは、「非人間的」だとか「冷たい」とかそういうことではない。主張するべきことを主張し、組織や他者と対等の関係を作ることだ。

主体が個人だということが理解できていないと、ジョブ型雇用になったところで、組織にとって都合の良い駒《こま》として使われてしまうのは変わらない。

こうした変化を踏まえたうえで、政治行政も個人の能力を高める支援策を拡充するようにしてもらいたいものだ。

ポイント

ドライな人間関係を。

サービス残業は断る。主張すべきことは主張する

トップ次第で組織はいくらでも変えられる

橋下　徹

日本の組織は、現状維持を図ろうとする傾向が非常に強い。官民問わずデジタル化に対して及び腰で、紙の書類作業からなかなか脱却できない。昔からあるどうでもいい慣習やルールをいつまでも守り続けていたりする。

書類に認め印がきれいに押されていないと、突き返される。テレワークをしたいと思っても、あれやこれやのルールを持ち出して拒絶される。たいていの人がそういう経験をしているはずだ。

こんな**組織はどうやったら変わるのか**。

ものすごくシンプルな答えとしては、**トップ次第**だ。

２０２０年９月に菅政権が誕生し、デジタル庁の設立や行政書類へのハンコを廃止していく方針が話題を呼んだ。

そうした華々しい話題の陰で行われた、小さな改革が僕の興味を引いた。それは「青枠」や「こより綴《と》じ」の廃止だ。


各閣僚が閣議を求めることを「閣議請議《かくぎせいぎ》」という。この閣議請議に関連した書類の作成は、厳密な手順が決められている。

書類は青枠が印刷された専用の紙を使うのだが、青枠と押印の間隔は５ミリ。さらに、書類はホチキスではなく、錐《きり》で穴を開け、紙のこよりで綴じるようになっていたのだ。

担当の官僚は、各閣僚の押印をもらいに各省庁を走り回る。上司は、押印と青枠の間隔を定規で測《はか》る。そして最後の１人の押印のときに規定の５ミリをずらしてしまい、また一から押印のもらい直しということもあるとか。


こんな業務を、国家公務員試験Ⅰ種という難関試験を突破した若手官僚たちが、日本社会の中枢である霞が関のなかでやっているとは想像もできないだろう。僕も初めて知ったときには驚いた。

僕が若手官僚に「どうしてこんな馬鹿らしいことをやめようと言わないの？」と尋ねると、「上が『やめよう』と言わないんです」と答える。「紙のこよりで綴じるなんて、いったいいつからやっているんだろう」と呆れると、「大宝律令《たいほうりつりょう》のころからでしょうか……」とジョークで返された（笑）。

もはやデジタル化云々《うんぬん》どころの話ではない。霞が関には、優秀と言われる官僚が数万人いて、政治家も何百人といる。にもかかわらず、「紙こよりをやめて、ホチキスで綴じませんか？」と言い出せる人間がひとりもいなかったというのだ。

ところが行政改革担当大臣になった河野太郎氏が、現場からの声に耳を傾け「青枠」や「こより綴じ」の廃止を提案したら、あっさりと霞が関の組織はそれを了承し、あっという間に「青枠」や「こより綴じ」のルールは廃止されることになった。

おそらく大臣クラスの政治家は、これまで閣議関連書類がこよりで綴じられているなんてことを知りもしなかっただろう。トップが悪弊《あくへい》の内容を知らなければ、それをやめさせることもできない。

そして、もうひとつ重要なのは、トップ自身のマインド、気持ちだ。**「それはおかしい」と思ったときに、すぐに「そんなことはやめろ」と言えるかどうか。**

情報をきちんとトップが吸い上げる仕組みと、トップ自身のマインドさえあれば、大きな組織でも変わっていくことができる。逆に言えば、この2つがそろわない組織はなかなか変わることができない。これまでの日本型組織では、トップの耳に情報が入らないケースが多かったように思う。

これは僕自身が経験したことでもある。

大阪府内には、小学校、中学校、高校あわせて7万人くらいの教員がいる。この教員たちは一生懸命子どもたちのために汗を流している本当に優秀な人材が多いが、なんと全員が2008年までずっと手書きで通知表を作っていたのだ。

府知事になった僕は、たまたま現場の教員から話を聞く機会があった。「通知表をパソコンで作れるようになったら、もっと業務を効率できるんです」と要望する熱心な教員たち。当たり前だ、さっさとそうすればいい。

僕が「そんなことは現場で変えていけばいいことでしょう？」と答えると、「校長が認めてくれない」と言う。それではと、今度は校長たちの話を聞いてみると、「いや、教育委員会が認めてくれない」と言う。

そこで僕は教育委員会の幹部たちに「なぜ通知表は手書きでないとダメなのか」を尋ねてみた。何か理由があるのかと思っていたが、誰も手書きでなければいけない理由を明確に説明できない。

現場では、手書きのほうが魂が籠《こも》るという理由も飛び交っていたようだが、さすがに僕にそんなことは言えなかったのだろう（笑）。

特に根拠がない慣習ならやめてもいいだろうと、「通知表作成にはパソコンを使うようにしてください」と言ったら、その日から教員たちはパソコンで通知表を作るようになった。

日本社会の課題解決能力は、悲しいかな、これくらいのレベルなのだ。

それでも、**トップが情報を把握しようと決意し、情報を集める仕組みができれば、組織**

は変わる。

「青枠」や「こより綴じ」の廃止にしても、菅首相が変革を目指して河野氏を行政改革担当大臣に指名し、河野氏が「行政改革目安箱（縦割り110番）」を設置したことで実現できた。

これは組織の課題解決をトップ任せにしておけばいいということではない。トップが何かを変えようと思っても、ひとりでできるわけではない。

トップの下にいる人たちのマインドも変わらなければならない。時代遅れなやり方に不満があっても、それを変えることを面倒に思い、現状維持を甘受《かんじゅ》するのでは何も変わらない。**人は現状を維持するための理屈ならいくらでも思いつける**ものである。

本気で現状を変えたい、でも自分たちだけではそれができないというのであれば、スキルのある人、気持ちの強い上司を見つけて、そこに熱く訴えていくしかない。または外から人を入れてチームを作ることもひとつの方法だ。

僕が知事、市長を務めていたとき、組織や制度の問題点を洗い出して改革を行おうとしたが、内部の担当者は「現状のままで問題なし」という回答をすることも多かった。その場合には、外部の人材の力を借りるようにした。

ポイント

トップの耳にきちんと情報が入る仕組みを作ろう

人材の多様性が優秀なトップを作る

橋下　徹

コロナ禍によって日本の組織もようやく少しずつ改革の機運が盛り上がりつつある。とは言うものの、諸外国に比べたらその動きはあまりにも遅い。先述したように、組織の方向性を大きく変えるのは、トップのマインドだ。情報を収集できたとしても、すぐに動くマインドがないと物事は変わらない。

日本型組織のトップのマインドがなかなか変わらないのは、結局のところ組織の多様性のなさ、そしてその背景となる流動性の低さによると思う。

日本における政治や経済のトップの顔ぶれを見てみると、驚くほど多様性に欠けている。日本人男性で、有名大学を出て、歳《とし》を食《く》った人間ばかりだ。キャリアもよく似ている。大企業の社長だと、新卒採用で入社して以降、転職もせず同じ会社で昇進してきた人間が多い。生《は》え抜きであることに、プライドを持っていたりもする。

同じような人間の集まりから、斬新かつ柔軟なアイデアが出てくるはずもないだろう。

女性の取締役や政治家は非常に少なく、国会議員に占める女性の割合は15％程度。世界経済フォーラムが発表した「世界ジェンダー・ギャップ報告書２０２０」によれば、**日本の男女平等の度合いは参加国１５３カ国中１２１位**と過去最低で、特に政治分野では１４４位という有様《ありさま》である。

企業の取締役に関しては、社外取締役を一定割合入れることが２０２１年３月から義務づけられるが、男女の割合については取り決めがない。最近では、閣僚や企業取締役を選ぶ際、一定数の割合で女性を入れることを義務づけるクオータ制に注目が集まっている。

15年ほど前の僕は、クオータ制には反対の立場だった。どんな分野でも男女に関係なく能力のある人間は上がってくるものだから、女性の割合も自然と増えてくるだろう。クオータ制のように女性の割合を義務づけたりしたら、能力のない人間が取り立てられてしまうことになるのではないかと危惧《きぐ》していたのだ。

法曹界では、確かに僕が考えるとおりになった。司法試験の合格者も女性の割合がどんどん増えていき、特に女性裁判官が増えていったことは注目に値する。２０１８年の司法試験合格者に占める割合は、男性75％に対して女性25％。判事（裁判官）に関して言えば、１９８０年の女性割合はわずか２％、それが２０１７年には17％にまで増加している。判事補では、１９８０年の５％から２０１７年には36％だ。[*5]

ちなみに、司法試験合格者で判事になれるのは、司法修習生として司法研修所で優秀な成績を収めた人だけ。僕は判事になるつもりはなかったが、たとえなりたいと言っても「無理無理！」と言われたに違いない。

客観的な基準できちんと選抜される仕組みであれば、男女の区別なく能力のある者がきちんと上がってこられる。いわゆるドライな仕組みであるほど、能力のある女性がどんどん上がってくるはずだ。

ところが、政治や企業の世界では、なかなか女性トップの割合が増えていかない。特に政治は酷《ひど》い状況である。

僕自身経験したことだが、政治はドライな選抜とは真逆《まぎゃく》の、ウェットな人間関係による選抜ばかりだ。政党が候補者を公認するときに物を言うのは、ウェットな人間関係だ。男性の候補者を選ぶか、女性の候補者を選ぶか、どのような候補者を選ぶか、客観的な基準で決まるわけではなく、党の幹部がウェットな人間関係をもとに決めている。そしてその幹部はほとんどが男性で占められている。

ウェットな人間関係に基づいた組織は多様性に乏しく、これからの競争に勝てないだろう。それは新しいアイデアが出てこないからだ。

大阪府知事や大阪市長を務めていたとき、さまざまな会議に参加したが、議論が活発なのは例外なく女性の参加割合が高い会議だった。役職の上下に関係なく意見が飛び交うし、出てくる意見も多様でとてもおもしろい。

これに対して、男性ばかりが集まる幹部会議は沈滞していてさっぱり議論が盛り上がらない。同じような経歴の男性しかいないと、やたら上下関係に気を遣うばかりで、出てくる意見も男性目線の同じものばかりだ。

国会議員の世界にもっと女性が入ってくれれば、選択的夫婦別姓なんて簡単に実現するだろう。日本人口はほぼ男女が半々なのだから、体力差の出るような分野ならともかく、ほとんどの分野で男女が半々でないのはやはりおかしい。

ウェットな人間関係が男女割合のバランスを阻害しているのであれば、クオータ制によって女性割合をいったん義務化するしかないだろう。3割なら3割と、まず最低限の女性割合を定めてスタートすれば、一定規模を獲得した女性集団が、女性が活躍しやすい環境を作ってくれるはずだ。

そしてそのあとは、クオータ制がなくても女性の割合が一定確保できるようになると思う。最初のアクセルを吹かすためにクオータ制が必要だというように僕の考えは変わった。多様性とは性別に限らない。経済界がこれからはグローバルの時代だと言うのであれば、社外取締役の義務化に限らず、経営陣に外国人を何割か入れるように義務づけるのも、日本企業が国際競争を高めていくための一方策になると思う。

保守的な人たちは大反対しそうだが、僕は国会議員の何割かは外国人を入れてもよいと考えている。日本の馬鹿らしい政治のあり方を変えるには、外の視点を持った人に文句を言ってもらうのがいちばんだ。もちろん日本の安全保障に影響しないような仕組みを構築したうえでの話だが。

そうしなければ、日本の政治家たちは世界標準に照らして自分たちがいかにおかしなことをやっているか、永遠に理解できないだろう。

例えば２０１９年から２０２０年にかけて、国会では「マイボトルを委員会室に持ち込めるかどうか」が議論されていた。冗談ではなく、こんなことで貴重な国会の日程が空費《くうひ》されていたのだ。外国人からすれば、信じられないような光景が国会では繰り広げられている。

別に外国人の都合にすべて合わせるべきだというのではない。さまざまなバックグラウンドを持った人たちの意見を取り込まなければ日本の将来はないということだ。

国会議員たちは「日本の生産性は低い。生産性革命だ！」と主張する。

しかし、マイボトルの持ち込みを認めるかどうかを延々《えんえん》と議論しているような人たちが言う、生産性革命とは何だろう。彼ら彼女らは、自分たちが日本で最も生産性の低い働き方をしていることに気づいていない。新型コロナウイルス感染症の衝撃によって、デジタル化の気運が高まったことは、不幸中の幸いではあったが。

残念なことに、これまでの日本の大改革はすべて外部からの圧力によるものだった。明治維新しかり、戦後民主主義しかりだ。デジタル化もコロナ禍という外圧によって初めて動き出した。

ウェットな日本型組織を変えるためには、クオータ制や外国人材の活用をはじめとしたドライな爆弾を投げ込む必要があるのかもしれない。

では、悪いのは組織のトップだけだろうか。僕はそうは思わない。

日本企業の経営者に多様性が少ないのは、その企業で働く人々もそのような組織風土を是《ぜ》としてきたからにほかならない。

会議で、慣例を盾《たて》にして、新人の意見を排除したことはないだろうか。紙こよりで書類を綴じるような馬鹿馬鹿しい作業に、文句のひとつも言わずに従ったりしていないだろうか。育休を取りたいという同僚に、舌打ちしたことはないだろうか。

上司や組織の悪口を言うことはたやすいが、自分自身が気づかないうちに、多様性を否定する側に回っていることは十分にありえるのだ。

ポイント

あなたは多様性を否定する側に回っていないか？

近い将来、あなたのやっている仕事はなくなる

堀江貴文

僕は、エッセンシャルワーカーの仕事を自動化して人手を減らせば、彼らの給料はいまよりもずっと高くなると考えている。その反面、人手が不要になるわけだから、そうした業界で働く人々の数もぐっと減る。10分の1くらいにはなるだろう。

エッセンシャルワーカーの仕事はいまの10分1でいいなんて言うと「エッセンシャルワーカーを馬鹿にしている」「人間の仕事は絶対になくならない」と批判されることも多い。

エッセンシャルワーカーの仕事だけ10分の1になるなんて、とんでもない。僕が主張したいのは、あらゆる仕事において必要な人の数は激減する、特に**ホワイトカラーは、管理職も全部引っくるめて10分の1でいい**ということだ。

いまの企業には何をやっているのかよくわからない業務をしている人たちがいっぱいい

る。

コロナ禍でテレワークに移行できた人は、そのことを実感したはずだ。

毎日会社に通勤し、自分の机でパソコンを開いていると、何かをやっているような気になる。同僚と世間話をして、上司に命じられた雑用をこなし、パソコンで適当なエクセルファイルでも開き、領収書の精算でもしていれば、1日はそれで過ぎていくし、誰も怪《あや》しまない。

仕事をしているフリをして周りを欺《あざむ》いているのではない。本人も一生懸命仕事をしているつもりだったりするから、タチが悪い。

テレワークはそんな欺瞞《ぎまん》を引き剝がしてしまう。

リアルの会議なら、発言せずに黙っていても目立たない。神妙な顔をして席に着いていればかたちにはなる。

ところがZoomやTeamsを用いたオンライン会議となれば、いっさい発言しない人はすぐわかる。よく発言する人でも「オンライン会議でも席順が重要」とか「服装をちゃんとしろ」とか、意外にどうでもいいことばかり言っていたりする。

テキストで記録が残るチャットツールでは、さらに仕事をしているかどうかがはっきりと可視化されてしまう。

オンライン会議やチャットでは、プロジェクトに貢献していない人がまるわかりで、そういう人は次第に会議やチャットのスレッドには呼ばれなくなっていく。


僕が経営に関わっているいくつかの会社では、現場のスタッフが切々と人手不足の状況を訴えてくる。

「ものすごく忙しくて仕事が回らないので、人手を増やしてください」とすぐに泣きついてくるのだ。

けれど、**人手を増やさなくても仕事を回すための方策はいくらでもある**。

少し前なら電車や飛行機などの交通機関やレストランの予約も電話だったから、とにかく人手が必要だったが、いまならネット上で予約なんてすぐにできる。領収書の精算に手間がかかるというなら、社員に電子マネーを持たせて自動で精算できるようにするといったこともできる。

人手を増やしてくれと頼まれるたび、僕は「ここところの仕事は、省力化できそうだ」と押し返す。テクノロジーをうまく使えば、ほとんど人手はいらないんじゃないか。

多くの人が薄々と感じていた**「もしかして自分はこの仕事に不要なんじゃないか」という予感は、間違っていない**。テレワークでそのことを悟って、ものすごく不安になっている人もいるだろう。

だが、もはや仕事がなくなることを恐れている場合ではない。ほとんどの仕事に必要な人手が10分の1になった世界で、何をするかを考えるべきなのだ。

ポイント

「自分のやっている仕事は不要だ」
そう気づいた先に未来がある

「業務の可視化」が
あなたの能力を高める

橋下　徹

日本はあらゆる面でデジタル化が遅れているが、理由のひとつは働く人がデジタル化後の状況を想像して、過剰に脅《おび》えているからなのかもしれない。これまでなら安穏《あんのん》と仕事をしていても給料は保証されていたが、仕事が効率化されたら、自分の仕事がなくなるのではないか、過酷《かこく》な競争に放り出されるのではないかと不安になってしまうというわけだ。

オンライン診療の遅れはまさにそれだろう。新型コロナウイルスの感染拡大で臨時にオンライン診療を行う病院やクリニックは増えたが、これを恒久的な制度にしようという政治の動きに対して、医師会の反発は非常に強い。

オンライン診療が不可であれば、患者は近所の病院やクリニックに行かざるをえない。

けれど、オンライン診療が一般化したら、ネット上で評判の良い医者のところにみんな押しかけるに決まっている。

きちんとテクノロジーを使いこなしている医者にとってオンライン診療はまたとないチャンスだが、そうでない医者はオンライン診療なんてまっぴらごめんだろう。

まだまだオンライン診療を望まない医師が多い現状では、医師会は政治家へのロビーイングによってオンライン診療の恒久化を何とか阻止しようとする。

実は大阪市役所にも似たような動きがあった。

大阪市役所は、庁内電子メールシステムの整備が遅れたという。

というのも市役所内に「逓信部（ていしんぶ）」という組織が存在していたからだ。逓信などという言葉が使われていることからもわかるように、市役所は非常にアナログなやり方で、庁内の意思伝達業務を行い続けていた。市役所内の各部局の各箇所に専用ポストが設置され、他部局等に連絡を取る必要があるときは、手書きのメモをこのポストに投函する。逓信部は1日に数回そのメモを回収し、宛先に書かれた部局に配達していたのである。いわゆる庁内郵便システムだ。

戦前の話ではない。21世紀に入ってからの話だ。

電子メールシステムを全面的に導入しようとすると、「逓信部の仕事がなくなる！」という反発が起こり、なかなか導入が進まなかったという。

逓信部のエピソードは極端にしても、デジタル化によって自分が従事している仕事がなくなるとなったら、誰でも心穏やかではいられない。今後ホワイトカラーのほとんどが職を失う、とまではいかなくても、**これまでと同じ仕事を同じように続けることはほぼ不可能になるだろう**。

さすがに仕事がなくなったと同時に別の仕事に就けるような人は多くない。だから組織内の配置転換や転職のためのスキルアップのプログラム、または一定期間の賃金の補償など、雇用主や国がやらなければならないことはたくさんある。

しかし、より少ない人数でいまの仕事が回るように効率化することは、生産性を上げることとして働く者全員が意識すべきことではないか。

コロナ禍では大阪の医療体制が脆弱《ぜいじゃく》であることを強く批判された。僕が大阪府知事、大阪市長だったときに、公立病院や保健所などに行った改革が影響しているというのである。

僕が医療現場の改革で実現したかったのは、たんなる人員の削減ではなく、業務の効率化、組織の機能強化だ。分散している人員や設備を統廃合して、組織を機能強化するということだ。しかし議会やメディアや世間からは「人を増やせ」「予算を増やせ」という批判しか出てこず、非常に残念だった。

デジタル化の流れはもう避けることはできない。であるならば、いま自分自身の行っている業務が本当に必要なものなのかどうかは、早い段階で自問しておくべきだろう。そして、いまの仕事のやり方に問題がないかを考えてみる。

手書きのメモを配達するような仕事をしていて、「人を増やしてほしい」という要求をしても生産的な交渉にはならない。**「この仕事は無駄ではないか」「こうやったら効率化できるのではないか」と常に考えることが、自身の仕事を発展させる**ことにもつながる。

いずれ政治が大号令をかけて、日本全体でデジタル化によって仕事の効率化を追求していくことになるだろうから、そのための心構えはしておくべきだろう。

ここでの仕事の効率化とは、いま働いている人たちが問答無用《もんどうむよう》でクビを切られることを意味するのではない。

先述したドライな人間関係によって、すなわち働く者の能力を客観的基準によって評価し、その組織のニーズに合わない人材は、転職を促されるようになるということだ。

大阪市長時代、市役所には仕事をしない職員が何人かいた。作業が鈍《どん》くさいといったレベルではない。民間企業では絶対にありえない勤務態度だったり、時代遅れな効率の悪いやり方を頑《がん》として変えようとしなかったりした職員だ。

しかし、こうした職員は上司や周りから注意されてもいっこうに働き方をあらためようとしない。公務員はどうやってもクビを切られることはないと高《たか》を括《くく》っていた。実際そのとおりなのだ。どんなに非効率な働きぶりだろうが、いったん公務員になった人間を交代させることは容易《ようい》ではない。

僕は、こうした悪弊をあらためるための制度を作ることにした。あまりにも業務成績が悪い職員については、研修を受けることを義務化し、それでも改善が見られない場合は最終的に市長の権限で分限《ぶんげん》処分を下せるようにした。分限処分とは、業務不適格な職員に対して、休職や免職を命じることを指す。

民間企業で働いている人からしてみれば、当たり前だと思われるかもしれないが、公務員の世界では大変な騒ぎになった。

こうした処分は恣意《しい》的に誰かを排除するためのものではない。業務の成績について客観的に判断できる基準を示し、きちんとスキルを向上させる研修も用意する。スキルが十分になったのであれば、元の職場に戻ってもいいし、別の組織で働いてもいい。

しかし身分保障を当然だと考える公務員たちは、こうした制度をクビ切り制度だとして拒否反応を示す。だが、上司の覚えがめでたいかどうかでお目こぼししてもらえる職場よりも、明確な基準で評価されるほうが公平で納得がいくのではないだろうか。

ウェットな人間関係で評価されるのではなく、ドライで客観的な基準で評価される組織にすることが、これからの時代に必要なことだ。

そして、このような基準によってその組織のニーズに合わない職員は、ほかの職に移ってもらう。何度でも言うが職を移るための支援策を政治行政はしっかりと用意したうえでの話だ。

流動性のない社会や組織は、これから働く未来世代にとって最悪だ。一度組織に入った人たちが、能力に関係なく永遠に自分の席を確保することになり、未来世代が参入する余地が乏しくなる。

仮に未来世代が自分の席を確保することができたとしても、安定と引き換えに隷属《れいぞく》状態となって、自分の能力を高める努力もしなくなる。そしてその組織内で人生を終わらせることになってしまう。

このようなドライで客観的な評価基準は、能力のある者も的確に評価されることになり、働く者のやる気にもつながるだろう。

ポイント

客観的で公平な評価基準に身をさらし、
士気を高めよう

会社員でいることはリスクだ

堀江貴文

いまだに「企業の正社員になりたい」という若者が多いことには驚かされる。就活サイトなどで毎年発表される就職希望企業ランキングには、ずらりと大企業の名前が並ぶ。けれど現在、大企業であるかどうかを問わず、**会社員になることのメリットはほぼない。**

終身雇用制度が現実的に機能している企業などない。年功序列で給料が上がっていくこともない。ここ何十年も賃金は横ばい、社会保険料なども考えれば、むしろ総体的な賃金は下がっている。

考えてみてほしい。日本の大企業といっても、世界的に見れば、吹けば飛ぶような存在だ。

約30年前、1989年（平成元年）の世界の時価総額ランキングには、日本企業が名を連ねていた。1位のNTT（1638億ドル）を筆頭に、日本興業銀行、住友銀行と金融系が続き、11位にはトヨタ自動車（541億ドル）がランキングしていた。

これが2020年になると、1位アップル（2兆2000億ドル）、2位サウジアラムコ、3位マイクロソフト、4位アマゾン、5位アルファベット、6位フェイスブック、7位テンセント、8位テスラ、9位アリババ、10位バークシャー・ハサウェイと、ほとんどが米中のテクノロジー企業で占められている。50位までにランキングしている日本企業は、2150億ドルで39位のトヨタ自動車だけだ。

数字を見てもらうとわかるが、2020年39位のトヨタ自動車の時価総額は、1989年1位のNTTを上回っている。

30年間日本企業が足踏みしているあいだに、世界経済は大きく成長していった。**日本企業は世界においていかれたのだ。**

仮に就活で何十倍、何百倍の競争率を勝ち抜いて、業績の良い企業に就職できたとしても安泰《あんたい》ではない。

どんな大企業であろうが、市場変化によって簡単に倒産しうる。２００８年のリーマンショックでは世界同時不況によって、上場企業だけでも33件も倒産。このたびのコロナ禍では、航空会社も莫大な赤字を計上することになった。

正社員だろうが、非正規雇用だろうが、**いまの時代に安定などありえない。**

特に、成長もせず、悪い意味で業績が「安定」している会社に入ったところで、待遇が良くなることはまったく期待できない。これまでのパイを守ることに精一杯の会社に入っても、能力がなければブラック労働を押しつけられるのがオチである。

そんな会社で、組織のために嫌々仕事をするのは、たんなる時間の無駄だ。好きでもないことをいくらやったところで、自分自身が成長することもない。

さっさと自分のやりたいことを始めたほうが、人生は豊かになる。

やり方次第で、企業勤めよりもはるかに多額の報酬を得ることができる。当たり前だが、能力とやる気次第で、得られる報酬は大きく変わってくる。それを恐いという人がいるが、みんなが同じような給料しかもらえない組織のほうがどうかしているのだ。
だいたい、いまの日本ではそう簡単に生きるか死ぬかに追い詰められるようなケースはほとんどない。大したことのないリスクを恐れて、安定を求めるのは愚《おろ》か者のやることだ。

ポイント

どんな大企業も安泰ではない。それなのにあなたの自由は奪う

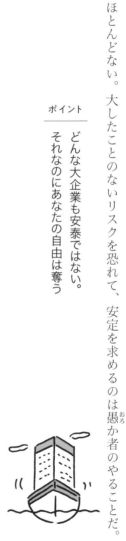

第3章

お金

お金のリテラシーを身につければ不安は消える

橋下　徹

２０１９年６月に金融庁が公開した報告書「高齢社会における資産形成・管理」[*6]は、大変な話題を呼んだ。話題を呼んだというよりも炎上したというほうが正しいかもしれない。報告書では「夫65歳以上、妻60歳以上の夫婦のみの無職の世帯では毎月の不足額の平均は約５万円であり、まだ20〜30年の人生があるとすれば、不足額の総額は単純計算で１３００万円〜２０００万円になる」と述べられている。

公的年金だけに頼っていては毎月５万円の赤字になるから、計画的に資産形成、運用を行う必要があるというのが報告書の主旨だ。

しかしニュースでは「老後資金は年金以外に２０００万円が必要」という部分が強調され、「年金制度が破綻《はたん》していることを政府が認めた」「２０００万円なんてとても用意できない」といったヒステリックな反応が巻き起こった。

報告書の試算では、高齢夫婦無職世帯の支出が毎月約26万円、（おもに年金での）収入が毎月約21万円としているが、年金支給額も支出も世帯によって異なるし、資産をどれだけ持っているかは考慮されていないので、一概《いちがい》に老後資金がいくら必要だと言い切るのはなかなか難しい。

この報告書によれば、現在の高齢者は年金以外に、約１３００万円〜２０００万円ほど使える資産を持っているとも読める。


それはさておき、我々は老後資金をどうすればいいか。

政治行政に関わってきた経験からまず大きな視点で言うならば、老後に安心できる社会保障の仕組み作りは、政治の責任だと僕は考えている。

だからといって、現行の年金制度をどれだけいじっても安心できる年金額を給付することは難しい。

給付額を上げようと思えば、年金料を引き上げるか、税金の投入量を増やさなければならないが、いまの政治の力では、それをやり切ることはまず困難だろう。

このような状況を打破するのは、やはり**「投資」**だろう。

そして国民の投資を成功させるためには、政治が国の経済成長をしっかりと実現していかなくてはならない。

国としては、付加価値の高い産業を育成し、きちんと儲《もう》けられる企業を増やす。個人についても、ただ貯金するのではなく、成長している国内外の有望な業界に投資してリターンを得るという考え方を身につけてもらう。

世の中には、経済成長はもう要らないと言う人たちが少なからずいる。日本の人口減少は不可避として衰退を受け入れ、「平等に貧しくなろう」という「清貧《せいひん》」を説く。そういう人たちはたいてい学者などで、贅沢《ぜいたく》しなければそれなりに生活が保障されている身分の人であることが多い。

確かに十分に資産を蓄《たくわ》えて逃げ切れる人であれば、国が経済成長せずとも意に介さないだろう。

だが、現役世代、そして未来世代はそういうわけにいかない。

経済成長のない国では、基本的に給料も上がらない。安い給料から貯蓄をしようとしても、いまの銀行に預けたところでマイナス金利の時代に利息はつかない。**労働による貯金だけで老後資金を賄《まかな》える人はそういないだろう。**

お金を儲けられる能力を全員が持っているなんてことはありえない。ビジネスモデルを思いついて起業し、人を雇用して利益を上げるというのはとても難しい。

僕にしてもなんとか弁護士としてそれなりの収入を得ることができたが、多くの雇用を生み出すような企業を作ったわけではない。

お金儲けの得意な人間が企業を経営して利益を出し、ほかの人はその企業に投資してリターンを受け取れればいい。株式会社とはそもそもそういうものだし、利益を出せる企業が増えれば社会は経済成長していく。

21世紀に入って政府も「貯蓄から投資へ」としきりにアピールするようになり、iDeCo（個人型確定拠出年金）や、つみたてNISA（少額投資非課税制度）などの制度も整備されてきた。

これらは要するに、株式や国債などに対して定額積立投資を行う仕組みだが、掛け金が全額所得控除されたり、運用益が非課税になったりと、一般的な投資に比べて税金が優遇されている。

こうした制度で投資を促すことは良いことだと僕は考えているし、いっそ半強制的な積立投資の仕組みがあってもよいのではないかとも思う。

さらに株式の個別銘柄に投資するには、これまた一定の知識が必要となる。

そこでアメリカや日本の経済全体に投資するという方法がある。**「ETF（上場投資信託）」**だ。

ETFとは、S&P500（アメリカ）や日経平均など、その国の株価指数そのものに投資するようなものだ。株価指数はその国の複数の株価から弾き出されるが、その計算に用いられる株式を売り買いするようなもので、結局、株価指数に投資したことと同じになる。

個別銘柄への投資ではなく、その国の経済力に投資するようなものだ。

株価が上がることはもちろん、ＥＴＦ投資ではその国の経済が伸びることが重要になる。ゆえに投資制度だけでなく、日本社会全体の経済成長を促進することも重要となるのだ。ＧＤＰ（国内総生産）世界1位のアメリカ、そして2位の中国は急速に成長を続けている。翻《ひるがえ》って日本は、バブル崩壊以降ほとんどＧＤＰが伸びていない。

そして国々の経済成長は、つまるところ流動性に左右されるものだ。

例えば、南アフリカ出身の実業家イーロン・マスクはアメリカに移住して、テスラやスペースＸなどの企業を立ち上げ、アメリカ経済を牽引している。失敗をものともせずロケットの打ち上げを繰り返し、宇宙ビジネスの市場を切り開いていった。

ロケット打ち上げの失敗動画を堂々と公開し、ロケットが大爆発しても、ちゃんとデータが取れたから成功だと言ってのける自信。その様子には、僕も感動してしまった。

アメリカは新参者がチャレンジすることを大いに認める社会だ。もちろん市場のニーズに合わなければ容赦《ようしゃ》なく退場を迫られる。

中国は共産党の一党独裁体制下にあり、そのことには僕は反発を覚える。だが、ビジネスについてはアメリカと同様激しすぎるほどの流動性のなか、企業は切磋琢磨《せっさたくま》し、世界で戦っている。

そのような**流動性のなかで従来にない市場が生まれ、そこにヒト、モノ、カネが流れ込み、さらに市場が拡大していく。**

これが経済成長するということだ。

社会としての流動性を高めて、企業活動を盛んにして、経済成長を促す。庶民の投資を促す制度を整備し、最低限の生活についてはベーシックインカムで支えるようにし、そして庶民の投資が果実を得られるだけの経済成長を果たす。これが老後も安心して暮らせる社会ではないだろうか。

そのために一般の人々も**貯蓄から投資へとマインドを転換する必要があるだろう。**

かつては年率6％もの利息がつくこともあったが、これは当時の日本が急速に経済成長していたからだ。郵便局（現在のゆうちょ銀行）にお金を預けておくだけで、一般の人々も経済成長の恩恵《おんけい》を受けることができた。

いまは、各人が投資することを考えなくてはいけない。もっとも、投資が重要だからといって、とにかく株を買えとか、通貨FXやビットコイン取引をやって一攫千金《いっかくせんきん》を狙えと言うのではない。

その場その場の利益を目指す**「投機」と、その国や企業の中長期的な経済成長を期待する「投資」との違いをしっかりと認識しなければならない。**

まずは、お金に関する基本的なリテラシーを身につけるべきだろう。国のGDPが増えていくとはどういうことなのか、株式会社はどんな仕組みになっているのか、複利とはどういうことか、複式簿記とはどういう仕組みなのか。

お金に関するリテラシーがあれば、無理な借金をしなければならないケースも減るだろうし、少しずつ積み立てて資産形成をするといったこともできるようになる。

学校ではお金に関する知識をほとんど教えてくれないので、なかなかお金のリテラシーを身につける機会がない。いまは自分で本やネットなどを活用して勉強するしかないが、公的な教育プログラムにもっとお金に関するカリキュラムは入れ込むべきだ。

どういったカリキュラムにするかは専門家が判断するべきだが、お金に関する国民のリテラシーが高くなれば、政治の政策論争もより生産的なものになるのではないだろうか。

ポイント

貯金での資産形成は難しい。「投資」について考えよう

家は「マイナスの資産」である

堀江貴文

いまだに「家は、賃貸がいいのか、持ち家がいいのか」といった質問をする人間が多くてうんざりする。**日本人の持ち家信仰は、病的なレベルだ。**

結婚をして家を持って、初めて一人前。そんなふうに考えている人間は、地方だけでな

く都会にもけっこういたりする。

告白しておくならば、僕自身も家を買ったことはある。かつての妻の要望で仕方なく買ったが、2年で離婚してすぐに売り払った。

現代の日本において、家を買う必要はどこにもない。そもそも論で言うならば、持ち家信仰からして日本の伝統ではない。戦前までは、借家住まいの人間がほとんどだったのだ。

なぜ持ち家信仰が生まれたかと言えば、高度経済成長期に政府が実行した所得倍増計画のためということになる。当時の日本が経済成長するために、住宅というのは実に便利な商品だった。

家を一軒建てるためには、大勢の事業者が関わることになる。不動産業者をはじめ、資材や設備を扱う業者、施工する業者、住宅ローンを扱う銀行など、波及効果が大きいのだ。大勢の事業者が関わる、それは世の中に大量のカネが勢いよく流れ、経済が拡大していくということだ。

経済成長が著《いちじる》しいときは、利率の高い住宅ローンを借りても大した問題にはならない。

会社からもらえる給料が年々増えていくのであれば、ローンの負担も大したことにはならない。

高度経済成長期ならば、家を買うことは、それなりに合理的な行動だったとも言える。けれど、**経済成長が停滞し、少子高齢化が進んでいる現代において、家を買うことにはデメリットしかない。**

中古住宅市場が整っている欧米では、長く住んだ家にも価値がある。家の価値を落とさないよう、家をきれいな状態に保とうと、ＤＩＹに勤《いそ》しんだりもする。

しかし、日本で価値があるのは土地だけで、上物の住宅自体にはまったく価値がない。**建って20年もしたら、資産価値はゼロだ。**

土地の値段もどんどん下落していく。人口減少が進んでいく地域では、土地の希少性も失われていくから、不動産価格の低下に歯止めがかからない。そのうえ持ち家には固定資産税もかかってくるし、快適に住み続けようとすれば、絶えずあちこちのメンテナンスに手間暇《てまひま》をかけなくてはならない。

実際、全国的に不動産が「負動産」になりつつある。

空き家になることを防ぐため、２０１５年からは「空き家対策特別措置法」が施行されることになり、空き家をそのままにしておくと固定資産税が跳《は》ね上がる。

人が流出して住みづらくなった地域の地価はどんどん下がっていき、売却することもままならない。一戸建ての空き家率は、１９９８年の６・７％から２０１８年には10％になった。*7 住宅によっては売り出しても価格がつかないものだから、売主が解体費用を負担する「マイナス価格」の取引まで行われるようになっている。資産価値の上がる可能性のある不動産は、それこそ都心にある一等地の物件くらいではないか。

家は買ったとたんに、マイナスの資産になると考えておくべきだ。

そんなマイナス資産を、返済に何十年もかかるローンを組んで購入するなど、狂気の沙《さ》汰《た》としか言いようがない。

そして、**家を買う最大のデメリットは、「自由」を妨《さまた》げることにある。**

持ち家信仰の信者は、家を買ったら安住の地を得たように思うのかもしれない。しかし、そこは本当に安住の地だろうか。

人生100年時代と言われるくらい、平均寿命は延びている。結婚、出産、育児をはじめ、さまざまなイベントが人生には起こるが、その時々で最適な住処《すみか》は違ってくるはずだ。子どもが大きくなったら複数の部屋が欲しくなるかもしれないが、子どもが独り立ちしたら大きな家はメンテナンスの手間がかかるだけだ。体の自由が利かなくなってきたら、バリアフリーにする必要もあるだろう。


周囲の環境も変化する。買ったばかりのときは、素敵な隣人に囲まれた落ち着いた地域だったとしても、いつの間にか厄介《やっかい》な隣人に変わっていることだってありうる。

2011年の3・11、東日本大震災の映像にショックを受けた人もいるだろう。地震に限らず、天災その他不慮《ふりょ》の事故はいつでも起こる。


何より、ひとつの場所に定住するとチャンスがつかみにくくなる。

おもしろそうな仕事や遊びがあって、それに関わるためには離れた場所に行かなければならないときどうするのか。

いったん買った家を売却するのは、よほど条件の良い物件であっても相当な手間も時間もかかる。そんなことでモタモタしているあいだに、せっかくのチャンスは消えてしまう。

持ち家は資産にならないばかりか、自由を阻《はば》む重しでしかないのだ。

ポイント

リスクしかない。そしてあなたの自由を妨げる。

家は買うな

ホテル暮らしのすすめ

堀江貴文

持ち家には何のメリットもない。もっと「住む」ことの意義についてみんな真剣に考えたほうがいい。

僕は、従来の意味での「住む」、定住することはもはや不要、というより害悪だとすら考えている。

ライフステージや自分の状態に応じて、移動していく。住処は、そのための一時的な拠点にすぎない。

おもしろいことやおもしろい人を見つけたら、身軽に移動していけばいい。

必要に応じて賃貸住宅を替えていくのが一番コスパが良く、自由を満喫《まんきつ》する秘訣《ひけつ》だ。

いまはテクノロジーによって、住む場所の自由度は格段に高まった。うまいものが食べたいのなら、地方に住んで、テレワークで働くことだって簡単にできる。

地方自治体によっては、「地域おこし協力隊」などの名目で、お金を出してくれるところまである。

僕自身に関しては、賃貸住宅すら飛び越して、ホテル住まいをするようになった。元からビジネスであちこち飛び回る生活をしていたから、持ち物もスーツケース数個で事足りる。いまどきのホテルなら通信環境も整っているし、部屋の掃除をする必要もない。洗濯などのサービスも用意されていて、非常に快適だ。**ホテル暮らしというと高額なイメージがあるが、大したサービスを求めないのならいくらでも安いホテルはある。**一泊3000円のホテルなら、1カ月で10万円にもならない。

最近になって「ワーケーション」という言葉も流行りはじめた。ワーケーションとは、リゾート地や観光地で休暇を取りながら、空いた時間で自分の好きなときに仕事をこなすという働き方のことだ。ただそうなると、定住先の家を1つ確保して、別の場所に行くことになる。

自分の体は1つしかないのに、2箇所に賃貸、宿泊費を払うのは無《む》駄《だ》だ。それならば、定住先の家も借りずに、ホテルを泊まり歩いたほうがずっと効率がいい。

ポイント

仕事や遊びであちこち飛び回りたいなら、ホテル暮らしがコスパ最強

モノを所有しない。レンタル生活のほうが経済的だ

堀江貴文

ホテル暮らしをしていることからわかるように、僕はモノに対する執着がほとんどない。荷物はスーツケース数個に収まるくらいだが、最近ではそれもなくせないか、いろいろと試行錯誤《しこうさくご》している。

アメニティグッズはホテルのもので事足りるが、意外に厄介なのが服だ。服にもこだわりはないので、自分の経営している会社が作っているノベルティのTシャツやスウェットを使い捨てにすれば十分だという気がしている。

そこまでいかなくても、**サブスクリプションのサービスを活用すればモノを所有しない生活を送ることは十分に可能だ。**

服に関しても、ユーザーの好みに応じたコーディネートを毎月送ってくるサブスクサー

ビスはいくらでもある。ファッションにこだわりがあるという人でも、別に家に大きなクローゼットを備える必要などない。

そんな僕からすれば、自動車を買って所有することなど本当に馬鹿らしい。自動車移動が必要なら、アプリでタクシーを呼べばいいだけだ。

タクシーは高くつくという人がいるかもしれない。だが自動車に関わるコストをきちんと見直してみてほしい。

自動車本体のコスト以外にも、駐車場代やガソリン代、車検費用、自動車保険料など合わせると年間でかなりの額を払っているはずだ。自動車によく乗るという人であっても、1日のうち大半の時間、自動車は駐車場に放置されている。

都市部ではカーシェアリングの人気も高まっており、通勤に利用する人も増えてきた。近くにスポットがあるなら通勤用途であってもカーシェアリングでまったく困ることはない。

今後、自動運転機能付きのＥＶ（電気自動車）が普及してきても、みんながこぞって自動車を買うようにはならないだろう。アプリで呼ぶとやってくるのが人間の運転するタクシーではなく、自動運転車になるだけだ。

日本の産業構造を見てみると、自動車や建設がＧＤＰ（国内総生産）のかなりの割合を占めている。こうした業界はあらゆるメディアを通じて「マイカーを買おう」「マイホームを買おう」というプロパガンダを続けている。あまりにも産業規模として大きいから、維持したい、何とか潰《つぶ》したくないという思惑《おもわく》があるのだろう。

そうしたプロパガンダに洗脳され、**「みんな、車や家を持っている」という同調圧力にさらされ、不要なモノを買っている。**業界関係者も、それこそが経済を回すのだと信じて疑わない。

しかし、**明らかに未来は、所有ではなく、レンタルの方向に向かっている。**いますぐにでも、自分の所有しているモノを、レンタルに替えられないか検討していくべきだ。

所有するよりも、時間や空間に応じて自由に貸し借りできるほうがモノの利用効率は高まり、経済活動も活発になる。

消費者を洗脳して、いらないモノを無理やり買わせるような産業は、いずれ立ちゆかなくなる。このあとでも述べるが、そんな産業がなくなったところで別に僕らは困ったりしない。

モノに縛られる生活から脱却《だつきゃく》し、より自由な生活を目指そう。モノの所有にこだわる人は、自分の不自由さを正当化する言い訳を探しているだけのように思える。

ポイント

同調圧力に負けて、不要なモノを買ってはいけない

生命保険には入るな

堀江貴文

不要な金融商品の代表といえば、これはもう生命保険に尽きる。

「稼《かせ》ぎ手の自分が死んだら、家族が路頭《ろとう》に迷う」と心配して、毎月多額の保険料を払い続ける人がたくさんいる。

僕は、家族を持っていたときに妻から懇願《こんがん》されたが、頑《がん》として生命保険には入らなかった。

保険などなくても十分な財産を作れる自信があったということもあるが、万が一の事があったときの安心のために何万円ものお金を払うのが馬鹿馬鹿しく思えて仕方がなかった。

保険の種類によっては、月々の支払いは何万円にもなる。そんな**お金を「安心」とやらのために浪費するのか**。

残された家族が心配だという人は、お金しか残せないいまの自分を心配したほうがいい。

もしあなたが周りの人からきちんと信用されているのであれば、その人たちはきっとあなたの家族にもよくしてくれるだろう。最悪、そうした仲間や知り合いがいなくても、日本には生活保護の仕組みがある。

あなたがいきなり死んで、家族が働けなかったとしても、必ず何とかなるようにはなっている。

いかなる生命保険も、人の命を使ったギャンブルだということは理解しておいたほうがいい。だいたい、金融商品として見ても生命保険の割は悪い。万が一の際に支払われる保険金に比べて、保険会社が加入者全体から取る掛け金が高すぎる。

生命保険のなかでも、終身の保険は最悪だ。

「万が一のときにどうしよう」という不安につけ込んで、毎月掛け金を払わせ続けようという極めて悪質な商売だ。特に日本の場合、いわゆる「保険のおばちゃん」がツテをたどって保険商品を売りつけに来る。
生命保険にいったん加入してしまったら、契約は自動的に更新され続けて、カネを吸い取られ続ける。

それでもどうしても不安だというのなら、きちんと保険商品の仕組みを調べたうえで、掛け金の低い、掛け捨ての生命保険に入ればいいのではないか。掛け捨ての保険であっても、入るのはごく限られた期間でいい。子どもが小さいあいだだけ加入していれば十分だ。子どもが独り立ちできるような年齢になっても、生命保険を払い続けるのは愚《おろ》かとしか言いようがない。

生命保険で安心は買うな。日々稼いだお金はもっと意味のあることに使うべきだ。家族のためだとしても、知り合いと良好な人間関係を築いておくほうがはるかに有効だろう。

ポイント

「安心」のためにお金を浪費するな。
あなたが死んでも家族は家族でやっていける

金儲け目的の株はやるな

堀江貴文

メディアが僕に「金の亡者」というイメージを押しつけてくるせいもあって、僕は株取引でお金儲けをしていると思われているようだ。「どの株が儲かりますか？」などと馬鹿なことを聞いてくる人には辟易《へきえき》させられる。

僕は金儲けのための株取引は行わない。そんなつまらない金の使い方はしない。

世界経済はこれからずっと成長していくという人もいる。そのうち、バブルが弾けるという人もいる。

確かに、ぐんぐん急成長していく企業や地域は、いつの時代にも必ずある。アメリカのＧＡＦＡ（Google、Amazon、Facebook、Apple）をはじめとしたＩＴ企業の株価は十数年で数倍、数十倍になったし、中国の発展も目覚ましい。

だが、確実に成長し続ける企業なんていうものは存在しない。どんなに安定しているように見える企業であっても、環境変化によってはあっという間に消えてしまうことはざらだ。

１９９１年には、世界最大の航空会社だったパンアメリカン航空が経営破綻した。２００１年にはアメリカ最大のエネルギー供給会社のエンロンが粉飾決算をきっかけに破産した。21世紀初頭のドットコムバブル崩壊では、豪華《ごうか》なオフィスを構えていたＩＴベンチャーが軒並み倒産した。

伝統ある企業でもずっと続くとはかぎらない。創業１７８年の旅行会社トーマス・クックも２０１９年にあっさり倒産してしまった。日本でも、大企業の倒産は相次いでいる。もちろん、企業倒産の一方で、新たな市場を切り開くスタートアップ企業も生まれている。だが、それがいつまで続くかなどわからない。

ＩＴの世界で言えば、リサーチ・イン・モーション（後に社名をブラックベリーに変更）の BlackBerry という携帯端末は２０００年代に世界を席巻《せっけん》していた。ところが２００７年に iPhone が登場するとあっという間にブラックベリーの業績は悪くなり、端末の開発・販売からは撤退してしまった。

どんなプレイヤーもうまくいくこともあれば、そうでないときもある。

確かに、伸び盛りでヒト、モノ、カネがどんどん流れ込んでいる業界に投資して儲けることは不可能ではないが、それがいつまで続くかは誰にもわからない。

「こうすれば絶対に儲かる」なんて断言する人間やメディアは、詐欺師だと思っておいたほうがいい。未来が確実に予測できるなどと言う人間を信じると酷《ひど》い目に遭《あ》う。

株取引などで儲けられる可能性が高いのは、もうすでに十分に金持ちになった人間くらいのものだろう。金持ちは別に全財産を株につぎ込んだりしない。スっても痛くないカネを、上がる可能性が高いと思う金融商品につぎ込んでいるだけだ。

「儲けるにはどうすればいいですか？」などということを他人に訊《き》いているような貧乏人が手を出すものではない。株はしょせんギャンブルだ。

僕の元には、いろんなところからさまざまな情報が集まってくる。そうした情報を組み合わせて投資先を考えれば、ちょっと儲けるくらいは別に難しいことではないがそんなことはしない。僕は、お金を増やしたいわけではない。自分のやりたいことに熱中して、人生を楽しむことが最大の目的だからだ。

よくわからない運に任せてお金を株に突っ込むより、自分でリスクを取ってチャレンジするほうがずっとおもしろい。

いまどんなニーズがあるのか。どういう人が対象顧客になるのか。どんな技術を組み合わせれば、ニーズを満たすサービスを提供できそうか。そのためには、どんな人を仲間にするのがよいか。

集めたデータを基に自分で考え、一番おもしろいと思うことを全力でする。当然、時にはさまざまなリスクも負うことになるが、そういう困難を乗り越えてチャレンジするからおもしろいのだ。

適当にお金を掛けて、ぼーっと株価チャートを見ているだけのゲームを僕はおもしろいと思わない。

投資すべきは、株などのギャンブルではない。自分がおもしろいと思うことに投資して、人生を楽しむこと。それこそが最高の投資だ。

ポイント

株はしょせんギャンブル。貧乏人が手を出すものではない

お金に困ったら借りればいいだけ

堀江貴文

持ち家なんかいらない、車は持つな、株で金儲けしようとするな。僕はそういう資産をくだらないと思っている。

ついでに言うなら、**預貯金も意味がない**。

「預貯金がないと、いざというときに不安だ」と言う人がいる。だが、持ち家信仰と同じように、預貯金信仰も元々は国のプロパガンダから始まっている。明治から昭和にかけて、国が戦費を調達するために、国民の預貯金を奨励《しょうれい》した。そうして郵便局に集まった貯金を使って、国家事業に投資したわけだ。

こんな大昔のシステムから、まだ多くの人々は脱却できていない。国家の洗脳教育、恐るべしだ。

預貯金信仰が行きすぎて、何百万円もの札束をタンスに突っ込んで、タンス預金に精を出す人までいたりする。**お金というのは、必要なときに必要なだけあればよい**もので、貯め込んでいても誰の得にもならない。

必要なときに必要なお金がない、だから困っているんだ、とか言っている人は、いまのお金というものの実態を誤解している。いまはある程度のお金なら誰でもすぐに集められるし、いざとなれば借りればいいだけだ。

いまの日本は、お金が余っている。ちょっとどころではなく、余って余って仕方がない状態になっている。

日本のＧＤＰ（国内総生産）はこの30年くらい大して増えていないとか、給料がまったく上がらないとか、悪いニュースばかり聞いていると、金余りが起こっているなんて信じられないかもしれない。

けれど、企業が利益を蓄えとして手元に残している利益剰余金、いわゆる内部留保は増え続け、２０１９年には４７５兆円を超えている。ちなみに、２０１９年の日本のＧＤＰは約５５０兆円だ。

なぜこんなことになっているのか。

バブル崩壊以降、日本の経済はずっと停滞していた。モノやサービスの値段が下がる「デフレ」の状態から一向に抜け出せない。

デフレというのは、つまりモノやサービスよりもお金のほうが価値があるとみんなが思い込んでいる状態のことだ。

そこで政府は、金融緩和を進めることにした。なりふり構わず、市中に低金利でお金を供給すれば、企業や個人がお金を借りて使ってくれると思ったのだ。

金融緩和では、マイナス金利などということまで行われた。銀行はお金をずっと持っていると減ってしまうから、ほかにどんどん貸すようになる、そうすれば企業や個人はお金が借りやすくなると考えたのだ。

ところがマイナス金利にまでしても、それほど日本の経済が上向いたわけではない。お金の供給量を増やしたのはいいが、そのお金が一般の人々にまでうまく分配される仕組みがないからだ。

企業や一部の金持ちのところにはお金が余っているが、彼らも使い途《みち》に困っている。これから儲かりそうなところに投資したいが、なかなか良い投資先が見つからなくてお金をずっと持ち続けることになる。

こういう状態だと、有望だと思われる投資先が見つかったとたん、そこにお金が集中することになる。おもしろそうな製品やサービスを開発したスタートアップ企業には、すぐにお金が集まる。お金を集めた人は、それを別のところに投資することを考える。

そういうことを繰り返しているうちに、お金はどんどん増えていくから、実質的にお金なんか持っていなくてもいいことがわかってくる。

お金を集められるのは、スタートアップ企業に限らない。おもしろい動画を発信するユーチューバーたちのところには、広告収入だけではなく、投げ銭がどんどん投げ込まれる。クラウドファンディングでおもしろい活動をやっていることをアピールできれば、数十万円、数百万円単位のお金が集まることだって珍しくない。人気者になったら、「焼肉を食べたい」という名目でお金が集まるほどだ。

少し前だと、何か製品を作って売ろうとしたら、会社を作って銀行から融資を受け……といった手間がかかった。

僕は大学生だったころ、最初の起業のために６００万円の借金をした。大学生にとってはなかなかの額の借金だが、ビジネスが順調にいったおかげで1年ほどで返済することができた。

いまならお金を集めるのは、もっと簡単だ。個人であってもやりたいことをアピールするだけでお金を集められるようになっている。

有望な投資先を探しているお金持ちや企業だけでなく、おもしろいことを体験したい、良いことをした気になりたいという個人からの出資をマッチングすることも簡単にできるようになった。

いまお金が必要だというのなら、人から借りればいい。借金によって、時間をショートカットすると考えよう。やりたいことをやるために、長い時間かけてコツコツ貯金するなど、まったくの時間の無駄だ。

ポイント

お金を集める方法は無数に増えてきた。
いま必要ならまずは借りておこう

貯めるべきは、お金ではなく信用だ

堀江貴文

お金なんていらない。いまの日本なら、必要なだけのお金はすぐに借りられる。不要なお金を貯め込んでいても、自分はおろか世の中の役にも立たない。

ただし、必要に応じてお金を借りるために、忘れてはならないことがある。それは**「信用」**だ。

普段から信用をメンテナンスしていないと、必要なときにお金や力を貸してもらえない。逆に言えば、信用さえあればほかは何もなくていい。

信用とは、きちんと約束を守ることだ。ビジネスというのも、結局はお金のやり取りというより、信用のやり取りなのである。

約束したクオリティのモノをきちんと納品する。期待にきちんと応える。当たり前のことをきちんとこなしているだけで、人間関係は良好になり、信用は増していく。

信用が増すほど、多くの力を人から貸してもらえるようになる。信用が高まり、人の力を借りることができれば、ひとりではできなかった大きなこともできるようになる。

僕がさまざまなビジネスを回すことができているのも、たくさんの人が力を貸してくれているからだ。

そうは言っても薄っぺらな信用はいくら積み重ねてもしょうがない。ころころと気分によって寄ってくるだけの人たちに、八方美人ぶりを発揮していても疲れるだけだ。

その代わり、わかってくれる人には全力で対応する。頼まれごとに全力を尽くすのはもちろんだし、知り合いがお金に困っているならご飯を奢《おご》ってあげたりすればいい。**お金に余裕があるのなら、貯め込む代わりに、他人からの信用を増すように使うべきだろう。**

また、人間関係を良好に保つのは重要なことだが、固定的な人間関係にとらわれすぎてはいけない。僕は大勢の人たちと仕事をしてきたが、なかには意見が合わずに離れていく人もいた。そういう人を無理に引き留めたり、追ったりすることはない。
常に新しい人たちと出会う機会も持つようにして、人間関係のダイバーシティを高めるよう心がけるべきだ。新しい出会いは、新しい知見をもたらしてくれる。

最初のうちは、持っている信用なんて誰でもたかが知れている。銀行からお金を借りるほどの信用がないなら、親類縁者、知人から借金するのも恥ずかしいことではない。有名人といきなり会いたいといっても会えないのは当然だ。少しずつ信用を積み重ねていくしかない。

親類、知人からSNSまで、いまは世界中の人と人間関係を作れるようになっている。
これだけ人とつながれる世の中で、**お金がなくて困っているのであれば、問題はお金ではない。あなたに信用が欠けているということなのだ**。

ポイント

普段から信用を高めておけば、
いざというときお金も力も貸してもらえる

「健康」に投資しよう

堀江貴文

信用さえあれば、お金はいらない。お金があるなら、信用を買えと述べたが、もうひとつ買っておくべきものがある。

それは**「健康」**だ。

身体の調子を悪いまま放置しておくのは、多くの人が想像する以上に悪影響がある。

痛みや不快感があると、余計な処理に脳のリソースが割かれ、集中力が下がってしまう。目の前の物事に全力で集中できなければ、良いアウトプットはできない。精神的な不調に関しても、身体的な問題が影響していることは少なくない。

仕事のパフォーマンスだけでなく、人生を楽しむためにも健康な身体を保つことは重要だ。食事や酒、セックスを満喫したいなら、健康は不可欠である。

誤解してほしくないが、僕は長生きしようとして、健康を保とうとしているのではない。健康でいたからといって、今日交通事故で死んでしまう可能性はいくらでもある。

健康を心がけるのは、あくまでいまを十二分に楽しむためだ。老後のための健康など、考えても仕方がない。

いまを楽しむために、予防できる病気にはできるかぎり手を打つべきだ。

普段から運動する習慣をつけておくだけで、生活習慣病のリスクはかなり下げることができる。僕と同年代で運動していない知り合いは多いが、みな明らかに体の調子が悪くなっている。若いときは何とかなっていても、運動習慣がないまま歳を取ると、一気にガタが来る。

僕はホテルにスポーツジムがあれば必ず使うようにしているが、利用しているのはほとんど外国人で、日本人はあまり見かけない。

ほかにも、健康のために個人ができることはいくらでもある。

日本人に多い胃ガンだが、その99％がピロリ菌感染がベースになっていることがわかっており、井戸水や食べ物の口移しで伝染するという。**ピロリ菌を除去するだけで、胃ガンのリスクは格段に下げることができる。**

見落とされがちだが、歯のケアも本当に重要だ。僕は、毎日フロスなどで必ず丁寧《ていねい》にデンタルケアをするようにしているし、どんなに忙しくても3カ月に1度は歯科検診を受け、歯石を除去してもらっている。これだけで歯周病のリスクを大幅に下げられるのだ。歯周病が悪化すれば、歯を失うこともある。

最近では、**歯周病が心筋梗塞や脳梗塞、認知症などにもつながる**ことがわかってきた。病気にならなかったとしても、歯をなくしたら、食事の楽しみが半減してしまう。

女性であれば、ＨＰＶワクチンの接種と子宮頸ガン検診も忘れずに。ＨＰＶワクチンに関して言うと、**ＨＰＶは子宮頸ガンだけでなく、さまざまなガンの原因になる**ことがわかってきており、世界的には男性も接種すべきという風潮が強くなってきている。

生命保険は不要だと、僕は先に述べた。万が一のための不安を解消するために毎月数万円を支払うくらいなら、歯科検診や人間ドックに費やしたほうがはるかに意味がある。**いまを生きるために、健康にお金を使おう。**

ポイント

体調はパフォーマンスに直結する。何はなくとも定期健診は怠るな

老後資金なんて気にするな

堀江貴文

これからは老後資金として年金以外に夫婦で2000万円が必要になるという金融庁の試算がニュースとなり、大騒ぎになったらしい。2000万円という試算は持ち家を前提

としていたので、特に賃貸暮らしの人が不安になっているようだ。

しかし、僕にはなぜ騒ぐのかまったく意味がわからない。

持ち家でないから不安というが、実際問題、その人たちは**お金がなくなったらどうなるというのか。姥捨《うばす》て山《やま》にでも捨てられるのか？　その辺で野垂《のた》れ死《じ》にでもするというのか？**


ありがたいことに、日本には生活保護の制度がきちんと用意されている。**生活保護を申請すれば、最低限の衣食住は保障されて死ぬようなことはない。**

結局のところ、不安になっている人はこれまでどおりの生活ができなくなることを恐れているだけなのだ。せいぜい、2000円のランチセットが数百円の弁当に変わるくらいの話で、不幸とはとても言えない。


生活保護では何の楽しみもないと思っている人が多いようだが、**いまはお金がなくても楽しめる娯楽にあふれている。**

昔ながらに図書館に通って本をいくらでも読むことはできるし、スマホがあればいくらでもコンテンツにアクセスできる。

携帯電話料金も格安ＭＶＮＯを使うなど、安く上げる方法はいくらでもあるし、有料の動画配信サービスにしても月額１０００円くらいで見放題だ。無料のコンテンツやゲームも山のようにある。

生活保護を受けていても、一生かかっても見きれない、遊びきれないコンテンツを利用できるのが現代なのだ。

僕は刑務所に2年弱服役していたが、その生活ですらそれほど酷いものではなかった。毎度三食、きちんと調理された温かい食事が出てくるし、大量に作っているからご飯の炊き上がりもいい。慣れると麦飯はうまいものだ。たまに出る、レトルトのサバの味噌煮やビーフストロガノフも楽しみだった。

生活保護の生活が刑務所以下だというのであれば、さすがにイヤだというのはわかるが、そんなことは決してない。移動の自由もあるし、スマホで見放題、使い放題の娯楽もある。

それがそんなに不幸な生活だろうか。僕にはとても豊かな生活に思えるのだが。

あと、僕は麻雀とゴルフの趣味を持っているが、いまはどちらも大したお金はかからない。会員制の豪華なゴルフコースでないとイヤというならともかく、安く回れるコースはいくらでもある。

お金がなくても豊かな生活は送れる。ただ、先にも述べたように、人間関係と健康のメンテナンスだけはくれぐれも手を抜かないようにしよう。

ポイント

お金がなくても生きていける。
先のことを気に病むほうが不幸だ

第4章

都会の暮らし、地方の暮らし

現状維持の地方創生に意味はない

橋下　徹

地方では少子高齢化が深刻化しており、人口が流出、東京への一極集中トレンドが続いている。地方に住んでいる人は、多かれ少なかれ、地元の活気が失われていることを実感しているのではないか。

東京一極集中を是正《ぜせい》するために、2014年から「地方創生」を掲げたさまざまな政策が実行されることになった。

地方創生推進交付金、地方創生加速化交付金といった交付金で事業を活性化し、オンライン診療、オンライン教育、自動運転車などの開発を行いやすくする特区を設けていくことが謳《うた》われている。

地方に活気をもたらそうという、政策の意図はよくわかる。

ただ、僕は地方創生の謳い文句をそのまま受け取ることができない。**地方創生という言葉は美しいが、実態は「現状維持」**だからだ。つまりいまの地方の状態を、とりあえずそのまま維持することを一番の目的としている。

現状維持を大前提として物事を進めようとすると、とにかく税金をつぎ込んで、いま地方に張り巡らされているインフラをはじめ、病院や学校やその他の住民サービスの何から何までを支えようという発想になる。そうすると、**せっかくのリソースが薄く広く分散してしまい、結局誰もが不満な結果になってしまうのだ。**

政治は、日本全体の視点で、都市と地方のバランスを考えて、国づくりを行うべきだ。集中的にリソースを投入するところと、リソースを削減するところを選別する。リソースを減らされるところからは当然不満も出てくるが、そこを説得するのが政治の役割だ。

八方美人で誰にでも良い顔をする政治は、目の前の票にはつながるが、未来にはつながらない。全体の利益のために一部の不満を引き受けるのが本当の政治の役割だ。

例えば、医療システムにおいてそれは顕著《けんちょ》だ。日本の病院数は約８０００と、Ｇ７のなかでも飛び抜けて多い。にもかかわらず、１病床当たりの医師数はアメリカの５分の１で、非常にアンバランスな構造になっている。[*8] これが新型コロナウイルス対応に遅れを取った大きな原因のひとつだ。

重度の症状に対しては先進医療を行う病院、軽度なら地元のかかりつけ医などが対応するなど各医療機関でうまく機能分担、役割分担して連携することができていれば、コロナ禍の非常時にも機動的にあたることができた。医療ひっ迫は防げたはずだ。

ところが日本の医療システムはそうなっていない。国民皆保険制度の下で市場原理が働かないようにしており、小さな民間病院やクリニックが守られる仕組みになっている。ゆえに日本は病院の数だけがやたらに多い国となっている。

もちろん、これは住民が簡単に医療機関にアクセスできるという利益をもたらすが、一方で治療設備や医師、看護師といった医療リソースがあちこちに分散し、いざというときに力を発揮できない医療体制になってしまった。

医師や設備の少ない病院に重症患者が運び込まれると、医師は昼夜を問わず診療に明け暮れることになり、あっという間に疲弊《ひへい》してしまう。その一方で、ガラガラの病院もあるという有様《ありさま》だ。

人材や設備などの医療リソースの配分を最適化し、集約するところは集約すれば、専門医師10名くらいのチームで重症患者にあたるといった分業体制も組めるだろう。

医療リソースを最適化するための旗振りは、本来であれば政治の役目だ。病院の機能分担、集約となれば、どこかの病院を潰《つぶ》して統合せざるをえないこともある。国民皆保険制度の医療の世界は、市場原理が単純に働かないようにしている。

だからこそ政治が医師や病院経営者、そして地元住民からの厳しい反対にあったとしても、医療機関の統廃合などの改革を断行しなければならないのだ。現状維持では力を失う。

同様のことは、弁護士の世界でも起こった。これまでの制度では、司法試験合格者の数を絞ったり、弁護士だけが行える業務を広く規定するなどして、弁護士を保護してきた。いったん弁護士になってしまえば誰も食うに困らず、中小の法律事務所が統廃合されることもない。

そのせいで日本では国際競争力のある強大な法律事務所が生まれなかった。最近になって規制が緩和され、外国の大手法律事務所が次々と日本に進出してきているが、日本の法律事務所はみな小粒で慌《あわ》てふためくばかりだ。

結局、**現状維持で守られてきた者は、競争力を失う**。

地方創生の名の下に行われている現在の政策もまったく同じで、現状維持を目指すものは、結局、地方の力を高めることにはならない。税金をどんどん投入して、日本全国どの市町村も、山奥の過疎集落まで含めて、とにかく潰れないように現状維持を図ろうとしている。

僕はこの物言いでこれまでにも何度も批判を食らっており、それを承知のうえで言うが、**どんな分野においても生き残るものと、生き残らないものがある**。淘汰《とうた》されるものが出てくるのは仕方がないことだ。

ただし人間の知恵として、人間の生活を支えるセーフティネットや生き残るところに「移動する」ための支援策を構築するのが政治の役割だと思っている。

市町村自体は人間ではないので、必ず現状を維持するものではないと思っている。自分の生まれ育った市町村がなくなってしまうのは、誰にとってもつらいだろう。だがそれでも、過疎地に住んでいる人が求めるべきは自分の生まれ育った市町村の現状維持ではないと思う。

過疎地の住民に必要なのは、これからも生き残っていく可能性のある地への移動であり、政治行政が行うべきはこのような人々の移動支援であるべきなのだ。

支援内容としては、引っ越し費用や、新しい土地で事業を始めるための助成金、融資などが考えられる。移動先として都会がイヤだというのであれば、近隣の地方都市でもいいだろう。

現在の市町村の現状維持という前提がなくなれば、それぞれの地方も努力しないといけなくなる。人の集まる地方もあれば、衰退していく地方もある。人口はそれほど増えなくても、ほかにはない景色や産物があれば生き残るところもあるだろう。

僕もずっと都会で暮らしていると息苦しくなるから、時々は地方へ息抜きに出かけるが、行き先はどこでもいいというわけではない。誰でも、その土地ならではの魅力があるところに行きたいと思うものだ。

だから地方も人を惹《ひ》きつけて生き残るためには頭を使う必要が出てくる。それぞれの地域が切磋琢磨《せっさたくま》するほうが、地方の力が高まるだろう。

現状維持の前提がなくなれば、住民は衰退する地元から、魅力ある地に移動することになる。まさに「流動性」だ。この**流動性こそ地方創生のキーワードだ。**

国からの補助金や支援だけをあてにしていては衰退あるのみだ。それでも、いくらがんばっても最後は畳まざるをえない地方も出てくるだろう。

人口減少社会に突入する以上、いまある1700ほどの市町村をすべて維持することは不可能だ。いまは、過疎地域も無理やり発展させるような地方創生策ばかりが声高に主張されているが、本来は畳まざるをえない市町村に対して、きれいに畳めるように支援することを地方創生策の柱に据《す》えるべきだ。

身体が健やかであるためには、新陳代謝が活発でなければならない。古い皮膚がいつまでも残っていては、新しい皮膚に変わっていかない。イノベーションは、新しいものの登場と、古いものの退出が必ずワンセットだ。

政治家もそのことはよくわかっているだろうが、選挙で票を入れてもらうためには、どうしても衰退・退出を避けて、現状維持を訴えざるをえない。衰退の地、退出の地の住民の票ももらわなければならないからだ。しかしこれでは何も変わらず、結局のところ、衰退あるのみだ。

ただ、現状維持を望む人々のマインドを変えるのが本当に難しいことは僕も骨身に染みてわかっているつもりだ。

僕が政治使命を懸《か》けた大阪都構想では、大阪市という地域がなくなることはなかったし、住民が引っ越す必要すらなかったのだが、「大阪市という名称と市役所がなくなる」ことを恐れた人たちによって否決されてしまった。

もちろん、日本には居住の自由があるから、政治行政が人々を無理やり動かすことはできない。それでも、地方によっては畳んだほうがいいところもあるということは理解してもらいたい。**全部をいままでと同じように救うことは無理だし、そんなことをやろうとす**

れば、地方全体が衰退していく。

畳む、退出するという言い方がネガティブというなら、もっとポジティブでかっこいい言葉を探せばいい。「未来への船出」とか（笑）。

せめて、地方に住んでいる若い人たちには、現状維持のままでよいのか自分自身に問うてもらいたい。地元が魅力的だと感じ、そこを盛り上げたいというのであればぜひがんばってほしい。だが、地元でがんばるよりも外に行ったほうがよいと感じるならためらわずに行動してほしい。

そして、移動するための余裕もないというのなら、地元にとどまる支援ではなく、移動の支援を政治家に訴えてほしいと思う。

ポイント

変わろうとすれば淘汰も起きる。そこが衰退の地なら、外に出る

地元に縛られるな

堀江貴文

高校生のとき僕が通っていたのは、久留米《くるめ》大学附設高等学校だった。福岡県でも有数の進学校で、成績上位者は九州大学を目指すのが当然だった。

けれど、僕は九州にとどまるつもりは最初からなかった。文化も政治も経済も、日本の中心は東京だ。きっと可愛い女の子もいっぱいいるに違いない、そう考えて進学先は東京大学にした。

この決断は間違っていなかった。東京が一番だということではない。地元を離れるという決断をしたことがだ。

住んでみれば、その土地にはその土地ならではの良さも欠点もあることがわかる。**東京のすべてが地方より優れているわけではない**。

だが、それは実際に住んでみて初めてわかることだ。

「東京 vs. 地方」のような議論がよくネット上で盛り上がるが、くだらない。自分で実際に住んでみて判断すればいいことだ。

住んだこともないのに、地元以外をディスる人は、本当に自分の地元が好きなのだろうか。自分が地元から離れることができないという事実を認めたくなくて、ほかの街をディスっているだけではないのか。

別の街に行って、学んだり、働いたりして、どうしても地元が好きだと思うのなら、そのときに戻ればいいだけだ。

自分で経験もせず、親や周りの人間の言うことを真《ま》に受けていては、地元にずっといたとしてもおもしろい体験などできようはずもない。

できるかぎり若いうちに地元を離れてほかの街に行ってみよう。

僕はたまたま大学進学というタイミングで地元を離れたが、理由は何だっていい。都会は地方よりも、人の出会いや仕事のチャンスにあふれている。当てがなくても都会に出てみれば、何とか暮らしていくことはできるものだ。

ポイント

一度は地元を離れよう。
そうしなければわからないことがたくさんある

都会暮らしはコスパがいい

堀江貴文

東京暮らしは、とにかくコストがかかると思い込んでいる人もいるだろう。

だが、都会の暮らしは思っている以上にコスパがいい。確かに家賃に関しては、地方よりも高くなるが、それ以外の生活コストに関しては大きく変わるわけでもない。

何より、**都会には時間を最大限に有効活用する手段がいくつもある**。

例えば、住居だ。お金を節約して自分の稼《かせ》ぎの範囲内で暮らせるようにと意識しすぎるあまり、会社からずいぶん離れた場所に住まいを借りる人がいるが、それは理に適《かな》った選択とは言えない。

毎日、片道1時間、往復2時間の電車通勤となれば、いろいろな意味でロスが多すぎる。それだけの時間があれば、いったいどれほどほかに有意義なことができるだろう。**自分の時間こそが、人生において最も貴重なリソースなのだ。**

何より満員電車で何十分も他人とぴったりくっついているのは気分が悪い。そんなことで朝から疲労困憊《こんぱい》なんて、あまりにナンセンスだ。

いまはスマホのおかげで電車のなかでもできることはたくさんあるが、会社の近くに住み、通勤時間を限りなくゼロにしたほうがいろんなことに集中して取り組める。

会社の近くだと家賃が高くなる？　それはそうかもしれない。だが心配するようなことだろうか。自分の時間を安く考えすぎているから心配になるのだ。

家賃が高かったとしても、通勤に関わる時間とストレスは減る。ならば、仕事のパフォーマンスははるかに向上するはずだ。**高い家賃は自己投資**と考えよう。多少の無理があっても近場に住むべきだろう。狭いアパートがイヤならさっさと仕事で成果をあげ、広い高級マンションに移ればいい。それくらいの気持ちでいたほうが、仕事にも励《はげ》める。

通勤以外についても、移動にいちいち電車を使うのは非効率だ。都内ならタクシーがどこでも走っている。アプリでもすぐに呼び出せる。人でいっぱいの電車よりタクシーのほうがくつろげるし、スマホやパソコンだって使いやすい。**タクシー代も自己投資**になる。食事にしても都心ならそこら中にうまい店がある。フードデリバリーも充実している。選択肢が多いうえに、時間も節約できるのだ。

時間に勝るリソースはない。**都会のコスパは最高だ**。

ポイント

時間を最大限に活用したいなら、都会に住むのがベスト

手取り14万円稼ぐのなんて簡単だ

堀江貴文

以前、ある掲示板サイトで、「手取り15万円以下の人」というトピックが話題になった。都内のメーカーに12年間勤務して手取り14万円しかない、何の贅沢《ぜいたく》もできないとのこと。投稿主は「日本終わってますよね」と嘆《なげ》いているのだが、僕はこの話題に対してTwitter上で「日本がおわってんじゃなくて『お前』がおわってんだよ」とリプライ、すぐに炎上した。

12年間働いてこの給料なのかと投稿主は嘆いているが、いまの時代、**手取り14万円くらいなら、会社勤めをせずとも、どこに住んでいようが簡単に稼げる**。これだけの変化が起こっていることをまったく理解せずに、給料の安い会社に搾取《さくしゅ》され、愚痴《ぐち》をこぼしている。

だから僕は「『お前』がおわってる」と言ったのだ。

ちょっと割がいい仕事などいくらでも見つかる。

例えば、**動画編集**だ。僕はアドベンチャーレースや沢登りなどのエクストリームレースに参加して、その様子をアクションカメラ（体に装着する小型ビデオカメラ）のGoProで撮影している。

レースが終わったら、撮影した動画をかっこよく編集して参加者と共有したいが、それを自分でやるのは面倒くさい。

そこでクラウドソーシング（インターネットを介した業務委託。必要なとき必要なスキルを持つ人材にいつでも発注できる）で動画編集を依頼するのである。そういう人はけっこう増えている。

動画編集は手間はかかるが、なにも特殊な技能が必要なわけではない。やる気さえあれば技術はすぐ身につく。

ウェブページを作る仕事もいくらだってある。

大がかりなサイトを作るのではない。小ぎれいなウェブページを1ページ1万円といった具合で請け負《うお》うのだ。

これもちょっとしたコツさえ学べば誰にでもできる。ありものの素材やテンプレートを組み合わせるだけでそこそこ見栄《みば》えの良いものが作れてしまうのだ。

文字起こしのような昔からの仕事も依然として求められている。

ＡＩを活用した音声認識サービスが普及しているから、それを利用して大まかに文字起こしをしたうえで、あとは自前で修正し、仕上げに校正機能を持ったアプリでチェックすればけっこうな品質に仕上がる。

動画編集、ウェブページ作成、文字起こし、もちろんこれらはあくまでもほんの一例である。**ネットで探せば、それほど手間がかからず、そこそこ稼げる仕事はいくらでも見つかる。**

そういった仕事をこなすのに特別なスキルはいらない。そしてネット検索すればウェブにいくらでもノウハウが紹介されている。

YouTubeで動画編集の方法を公開しているユーチューバーもいる。それに倣《なら》って見よう見まねでやればいい。驚くほど簡単にこなせるだろう。

こうした仕事はたんなる日銭稼ぎとはかぎらない。仕事をいくつかこなすうち、そこからおもしろいと思える仕事が見つかればしめたものだ。

動画の編集テクニックをさらに高めていってもいいし、プログラミングを覚えて作業を効率化していってもいいだろう。

ものすごくハマれば、知らないあいだにそれが生業《なりわい》になっていることだってある。僕自身がそうだった。

住まいは、シェアハウスなりどこかを間借りすれば安くすむ。

都内でも郊外なら空き家だってたくさんある。管理人として空き家に住んで維持するだけでお金をもらえる物件だって見つけられるだろう。

大事なことは、自分なりに情報を集めてみて、ピンと引っかかるものがあったらすぐに動くことだ。

「東京に住むためには、最低手取り××万円が必要」なんてくだらない記事を真に受ける必要はない。情報さえ活用できれば、いくらでも稼ぐことはできるし、生活コストを抑えることだってできるのだ。

ポイント

動画編集、ウェブページ作成などなど、生活費くらい誰でも稼げる

地方暮らしのハンデはない

堀江貴文

生活コストを抑えたいというのなら、地方に住めばいい。

地方なら家賃が月1万円程度のところなどいくらでもあるし、シェアハウスならさらに安くなるかもしれない。家賃に関しては都会の数分の一で済ませられる。

地方には何もないと言うが、それは数十年前の話だ。いまどきどんな地方に行ってもコンビニやショッピングモールくらいはある。

遊ぶためには車で遠出しないといけないという人もいるが、娯楽を得るためにそこまでしてリアルの場に出かけなければいけないとは思わない。そういう人は、普段何をして遊んでいるというのだろう。

映画を観て、ゲームをして、マンガを読んで、友達と飲み会。そんな娯楽であれば**スマホ1台で事足りる。**見放題の動画配信に、無料で遊べるゲームもいくらだってある。友達とSNSでやり取りしたり、オンライン飲み会をしてもいい。

都会でないと楽しめない娯楽を求めているのならともかく、どこでもできる娯楽で十分なのに地方を敬遠するのはもったいない話だ。

最近はテレワークに移行する企業も増えてきたから、そうした企業に勤めているのなら、**地方に住んで東京基準の給料をもらうことだってできる。**

僕が出資しているインターステラテクノロジズは、北海道大樹町に、本社屋とロケット製造のための工場を建設した。

人口5000人程度の小さな町に、いま続々とロケットを作りたいという20代、30代の若手が移住してきている。いまはまだ数十人規模だが、すでに社宅が足りなくなりはじめた。今後10年間で、社員は数千人規模に増えることになりそうだ。

地方には、移住や起業に対して気前よく補助金を出してくれるところもあるから、生活にはまったく困らないだろう。趣味や仕事内容にもよるが、地方にいることはハンデではなくなってきている。

ポイント

地方暮らしで東京基準の収入だって得られる

都会か？　地方か？　住めば都だ

堀江貴文

都会はコスパがいいけれど、地方も安く楽しく暮らせる。

では、どちらに住むのがいいか。

そんなものはあなた次第、どこでもいい、が答えだ。

ホテル暮らしをしていることからわかるように、僕はそもそも「住む」という概念が不要だと考えている。これだけテクノロジーが発達した時代に、なぜみんな「住む」ことにこだわるのだろう。

好きなときに、好きなところへ行けばいいではないか。そんな自由は、誰でも持っている。

僕がそういうことを言うと「誰もがみんな自由に移動できるわけじゃない」「地場産業や農林水産業の従事者はどうなる」といった批判が寄せられる。**移動できるかどうかは、たんに本人のマインド次第だ。**本人が移動したいと思えばできるし、できないと思い込んでいるならできない。

地元の産業が心配だから移動できないというのは言い訳だ。

漁師として働いている人が、漁師では食えなくなったらどうすればいいのか。漁師を辞めて別の仕事をすればいいいだけだ。農家として食えないというのなら、農家を辞めればいい。農林水産業はその場所に存在する社会資本や人間関係を活用しているわけだが、その場所を離れても生きていく手段はいまならいくらでもある。

だいたい、ある地方の産業が消えるかどうかなどいちいち心配するような問題ではない。もしその産業によって利益を上げられるのであれば、いくらでも代わりの事業者が参入してくるものだ。

新しい仕事のチャンスはいくらでも生まれているし、利益を上げる方法も多様化している。今後、テクノロジーを活かして、地方でビジネスをやろうとする人たちも増えてくるだろう。

住み慣れた土地から離れられない高齢者はどうするか？　そうした問題も、テクノロジーと政治的決断で解決が可能だ。

例えば、人口流出が続く地方では、公共交通機関が維持できなくなっている。そうした場所でも、ライドシェア（自動車の相乗りをマッチングするサービス）を解禁すれば住民の利便性を保ちながら、タクシー会社が利益を上げる仕組みは作れる。

さらに、自動運転技術の実用化も目前に迫っている。買い物がしたいというなら、無人ロボット車による宅配サービスという手だってある。

通信網や電力網も、これからはどんどんコストが下がっていく。

これまでとまったく同じアナログの郵便サービスを全国津々浦々《つつうらうら》まで展開するのは無理にしても、ネットサービスで置き換えることは可能だ。

携帯電話の基地局も、すべての地方にひとつひとつ建設する必要はなくなる。アメリカの民間宇宙開発企業スペースXは、スターリンク計画と呼ばれる衛星インターネットアクセスサービスに着手していて、すでに数百もの通信衛星が地球の低軌道を周回している。最終的に万単位の通信衛星が低軌道を囲むことになれば、**地球のどこにいてもネットへの高速アクセスが可能になる**。

低軌道衛星計画はスペースXだけが開発を進めているのではないし、ほかにも成層圏に自動航行の飛行機を飛ばして通信網を構築するプロジェクトをソフトバンク子会社のＨＡＰＳモバイルなどが進めている。

エネルギー供給もそうだ。従来の電力網では、発電所で作られた電気が変電所などを経由し、送電線を伝って工場や家庭に送られていた。そのために、発送電事業はどうしても大がかりにならざるをえなかったが、この常識がいまや揺らぎつつある。

太陽電池や充電池などの高性能化、低コスト化が急速に進んだことで、分散型エネルギー社会の可能性が見えてきたからだ。

従来広く使われてきた太陽電池はシリコン系だが、最近はペロブスカイト系の進歩が著《いちじる》しい。製造に手間がかかる硬いパネルのシリコン系と違い、ペロブスカイト系は印刷技術を使って大量生産できるため圧倒的に製造コストが安い。発電効率もシリコン系に迫るレベルになってきた。

充電池の主流であるリチウムイオン電池も改良が進んでいるし、次世代電池も続々と姿を見せはじめている。

電気を低コストで発電し、貯められるようになれば、従来のように巨大な電力網を構築する必要はなくなる。どこにいても電気が作れるし、余ったぶんは貯めておいて必要になったときに使えばよいのだ。

いまよりはるかに低コストでどこからでも利用できる通信サービス、エネルギーサービスがあって、自動運転車やドローン（小型無人航空機）、ロボットなどもある。

これだけの手駒《てごま》があって、何ができないというのだろうか。ちょっとした規制緩和をするだけで、**地方の問題などほとんどテクノロジーで簡単に解決できてしまう**。地方を住みやすくすることなど、実は簡単な話だ。

それに個人は国や地方の問題など気にしてもしょうがない。自分の住みたい場所に行って、自分のやりたいことをやるのは、いますぐできることなのだ。

ポイント

都会はコスパよし。地方は安あがり。
自由に好きなところに行こう

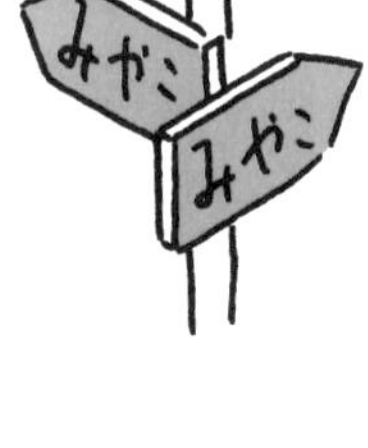

第5章

学びと情報収集

持論のアウトプットで「学ぶ力」を養え

橋下　徹

僕には子どもが7人もいるものだから、子育てについて聞かれることも多い。よく聞かれるのは「何を学ばせればいいか」ということなのだが、「これを学んでおけば大丈夫」という明快な答えはない。

無理やり答えるならば、**「学ぶ力」**を学んでほしいということになるだろうか。禅問答のような回答だが、これは子どもに限らず、大人になってからも重要な力だ。

僕は弁護士やタレント、政治家としていろんなことについて発言してきた。なぜ発言できるかと言えば、いろいろと情報を取り込み、勉強してきたからだが、何を勉強すべきかわからなかったら情報の探しようがない。その辺の本に書かれていることや、ほかの誰でも言えるようなことをそのまま話しているだけなら、Google検索と変わりなく、誰も僕の話を聞きたいと思ってはくれないだろう。

自分が何について学ばなければならないのか。それをわかっていることが僕の強みだと自負している。

学ぶべきことがわかっているから、そのことについて本を読んだり、話を聞いて知識を取り入れることができる。

取り入れた知識をもとに、自分なりの意見を持てる。他人とは違う、自分だけの意見を持つことが、差別化ポイントになる。

これが「学ぶ力」ではないか。

では、どうやったら「学ぶ力」を養うことができるのか。

いろんなやり方があるとは思うが、僕が実践したのは**持論のアウトプットを常に行う**ということだった。

本を読んだり、ニュースを見たりと、情報を取り入れるときには、必ず「自分はどう考えているか」を言えるようにする。馴染《なじ》みのある分野だけでなく、あまり縁のなかった分野についても考えてみるようにする。考える材料が足りないことに気づくこともある。そうしたら、**仮説を立ててさらに調べてまた「自分はどう考えるか」を問う。**

いろんな題材について、自分はどう考えるのかをひたすら積み重ねることで、持論ができていくのである。

いまの時代、単純な情報だけならGoogle検索やWikipediaなどですぐに調べられる。したがって情報を頭に入れてそれをそのまま出すだけでは、価値は生まれない。Google先生にはかなわない。

だから**仕入れた情報を基に自分の考えを作り上げることに独自の価値が生まれ、それが次の仕事につながっていったりする。**

自分の持論を組み立てるためには何を学ばなければならないか、この点を知って、情報を仕入れる人と、知らないで闇雲《やみくも》に情報を仕入れる人とでは、天と地ほどの差が生まれる。

例えば、「交通事故の死者数が××人」というニュースを聞いたとする。それをただ頭のなかに入れておくだけであれば、Google検索と同じだ。

それが死者数が出るようなニュースとの比較、いまなら新型コロナウイルス感染症による死者数についてどう評価するかを問われたときに、交通事故の死者数と比較しながら持論を展開するときにこそ、その情報は最大限に活きてくる。

新型コロナウイルス感染症による死者数を抑えるために社会経済活動をどこまで抑制するのか。我々の社会は交通事故の死者数を抑えるために、自動車を世の中から駆逐することはしていない。

ある意味、自動車という便益《べんえき》を享受《きょうじゅ》するために、交通事故による死者を受け入れていると言っても過言ではない。そしてその数は年間××人、新型コロナウイルス感染症による死者数は○○人。

交通事故による死者数であればGoogle検索をすれば誰でも知ることができる。その情報のみに付加価値はない。

その情報を基に、新型コロナウイルス感染症の死者数について持論を展開する際に初めて、交通事故の死者数という情報に付加価値が生まれるのである。

自分の持論を組み立てるためには何を学ぶべきかを知ることによって、個人の能力は高められていく。アスリートもただ漫然と練習しているだけでは、能力は向上しない。いまの自分はどういう状態なのか、何が足りないのかを考えて、そのためのトレーニングを行っていくものだ。

そうしたトレーニングを繰り返しているうちに、自分の得意なこともより明確になってくるはずだ。

僕の場合、政治家になるかどうかは大きな選択だったが、自分の能力がその仕事には向いているかもしれないという予感はあった。偶然の要素も大きかっただろうが、普段から自分の能力がどのようなものかを意識していたことで、うまく政治家という職とマッチングできた面もあるだろう。

これからのドライな社会では、自分の能力、適性を見極めて、自分がマッチングする環境をみずから探していかなければならない。

自分が何を学ぶべきなのかをわかっていない人は、闇雲に情報をインプットすることに追われ、組織からいいように使われ、組織に隷属《れいぞく》せざるをえなくなる。

逆に、独自の持論をしっかりと持つことができれば、自分の付加価値は高まり、組織や他人から頼られ、組織の力を上手に使えるようにもなり、さらには新しい仕事にもつながるだろう。

ポイント

常に自分の考えを言語化する習慣をつける

自由なくして適性は育まれない

橋下　徹

「学ぶ力」は、その人自身が自分の持論を意識して、みずから能力を向上させていこうとしないかぎり身につかないものだ。

それでは、子どもの学ぶ力を増すために、親にできることはあるだろうか。

まず大前提として、僕は親が子どもの人生のレールを敷くべきではないと思っている。自分の将来は、自身の適性を元に、子どもみずから切り開いていくものだ。テクノロジーが進歩し、社会のかたちも激変する。こんな時代に、親が個人的な経験に基づいて適切なアドバイスを与えられようはずもない。

ならば、せめて子どもの適性を見つけてやろうと思うかもしれないが、これも難しい。

家庭での振る舞い、学校での活動など、僕はできるだけ子どもを褒《ほ》めるように心がけている。僕自身の社会経験から、「この子はこういう点が秀《ひい》でているかもしれない」と思ったら、その点を本人にも伝えるようにしている。

それでも、何が秀でているのかなんて正直よくわからない。僕には7人の子どもがいるが、7人とも個性はバラバラだ。よく観察しているつもりでも、**何がその子の才能なのかを親が見出すのは不可能に近い**。

いまの時代は、少し前には存在しなかった職業が次々と登場するし、求められる才能も多様化している。親の経験に基づいて、子どもという他人の才能を測《はか》ることなど、どだい無理な話なのだ。

能力を測れないのに、子どもを的確に指導しようなんて不可能に決まっている。

親にできることがあるとすれば、環境を用意することくらいだろう。

子どもが何かに熱中していて、どうしてもやってみたいことがあったら、できるかぎりやらせるようにする。だからといって、何でも買い与えればいいというわけではないのはもちろんだ。

どれくらい本気で子どもがそのことに取り組んでいるのかは、見極める必要があるだろう。


ありがたいことに、いまの僕には経済的な余裕が多少あるから、子どもがやりたいと言えば、ある程度のことならさせてあげることはできる。でも子どもなんて気まぐれなもの。絶対にやらせてくれと頼んできたかと思ったら、3日後には飽きて別のことに熱中していたりする。これはもうしょうがない。

遺伝や環境が才能にどう影響するのか。それを研究する行動遺伝学について、研究者が記した『日本人の9割が知らない遺伝の真実』（安藤寿康著／SBクリエイティブ）に次のような一節があった。

まず、家が金持ちでも貧乏でも、遺伝的に知能の高い人もいれば低い人もいます。親が金持ちの家では、子どもはおしなべていろんな環境にアクセスする機会が増えます。知的能力を必要とする活動から、あまり必要としない活動まで、子どもの接する環境の選択肢が増えることで、その子が本来持っていた遺伝的素養が発現しやすくなるわけです。

貧しい家の場合、環境の選択肢はどうしても少なくならざるをえません。親が知的でない趣味を好むのであれば子どももそれに引きずられますし、知的な活動に投資する親であれば、やはりその影響を受けるでしょう。子どもが選べる環境の選択肢が少ないため、遺伝的な素養（それがどんな素養かはわかりません）が発現する確率が金持ちの場合よりも低くなるわけです。

これが本当であれば、**子どもには好きなようにいろいろやらせたほうが、自分の適性を見つける確率は上がる**わけだ。だとすると、家庭の経済状況によって提供できる選択肢が拡がったり、狭まったりする社会は、やはりよろしくない。

高校や大学の無償化だけで、世帯間の経済格差を完全に埋めることはできないだろうが、それでもこの教育格差、環境格差を放置してよいとはとても思えない。

子どもたちの教育格差や環境格差を是正《ぜせい》すること、すなわち家庭の経済状況にかかわらず、選択肢を平等にすることこそ、政治の一番の使命だと思う。

僕は政治家時代、この点に一番エネルギーをそそいだつもりだ。その代わり、子どもたちにがんばってもらうことも求めた。

親は、子どもがやりたいと思っていることができる土俵《どひょう》だけを与えて、あとは子どもたち自身にがんばらせる。激しい競争社会にも物怖《ものお》じせずに飛び込んで、自分の道を切り開いてもらうしかない。

ポイント

とりあえずやってみる。
事前に適性や才能を知ることは不可能

「没頭」こそが最高の学習である

堀江貴文

「子どもに何を学ばせればよいか」で悩む親もいるようだが、そんな悩みは捨ててほしい。

親がわざわざ働きかけなくても、子どもはすぐ何かに没頭する。クレヨンでのお絵描きだったり、積み木での建物作りだったり、あるいは小石を集めることだったり。

お絵描きや楽器の練習、スポーツやプログラミングに没頭すれば、親は「この子は芸術の才能があるのかも」「将来はプログラマーに」などという気になるかもしれないが、そんなふうに親の希望どおりに子どもが没頭してくれるとはかぎらない。

むしろたいていの場合、何がおもしろいのかこっちには理解しがたいことに没頭するものだ。

延々《えんえん》とゲームをやり続ける、壁に落書きし続ける、マンガを読み続ける、虫の死骸《しがい》を集めまくる。そんなことばかりするのが、子どもという生き物だ。

子ども時代に没頭していたことが将来、天才的な業績につながるというケースもあるだろうが、**没頭すること自体は特別な能力ではない。誰だって、子どものころは何かに没頭していたはずである。**

けれども、いつしか人はそれを忘れていく。何かに夢中になって、仕事がおろそかになると「大人げない」「子どもっぽい」と非難される。

なぜ、大人になるにつれて人は物事に没頭しなくなっていくのか。

僕は、親や学校が子どもの没頭を邪魔《じゃま》するからだと考えている。

子どもはずっと絵を描いていたいのに、無理やり学校に追いやられてしまう。ゲームをやっていたら、食事の時間だということで中断させられてしまう。

学校では、時間割どおりに授業が行われ、興味がなくてもずっと座っていなければいけない。マンガを読んでいたら怒られ、歩き回っても怒られる。

親や学校はなぜこんなことをするのだろうか。

我慢《がまん》してルールを守る習慣をつけさせないと、将来よい生活ができない、そう思い込んでいるからではないか。

だが、そうやって**没頭を禁止した結果、子どもは可もなく不可もなく、没個性の大人になっていく**。

「才能を伸ばそう」「天才を育てよう」と親や教師は言う。だが、彼らの言う才能や天才とは何か。

すでに世の中で成功している人や、安定した仕事に就いている人を見て、才能があると言っているだけだろう。

だいたい本当の天才というのは、周りからすぐに理解されるようなものではない。

Apple創業者のスティーブ・ジョブズは、授業中に花火をするような子どもだったそうだが、そんな子どもがやがてスマホで世界を変えてしまうなど、誰が想像できただろうか。

どういう才能、どんな能力が将来の役に立つのか、特にこの変化の激しい現代においては予測不可能だ。

ゲームにのめり込んだ結果、eスポーツのプレイヤーやゲーム実況者になる人だっている。テレビゲームに熱中している子どもを叱っていた親は、何億円も稼《かせ》ぎ出すeスポーツプレイヤーを見てどう思うだろう。

かつては存在しなかった職業や遊びがいまはどんどん生まれている。熱中した結果、それが別に仕事につながらなくてもいいではないか。そのときそのときに熱中した結果が、その人ならではの個性を作っていくのだ。

日本の教育現場では、とにかく異質なものを排除しようとする力が働いている。人と違うことをしたり、言ったりする人間は、教師からだけでなく、周りの同調圧力にも抑え込まれる。

その結果、周りの空気を読む能力だけは異常に発達した人間ができあがっていく。

希少性と付加価値の高い能力を才能だとすれば、人と同じことをさせて才能が育まれるはずがない。子どもの才能を伸ばしたいと訴える親や教師は、まったく逆効果のことばかりしているのだ。

僕自身、学校や親から「××をしてはいけない」とさんざん邪魔されてきた。教師から殴られたこともある。

幸いにして、僕は彼らの妨害をはねのけることができた。彼らの言い分がいかに間違っているのかを指摘し、イヤなものはイヤだと突っぱねることができた。だが、すべての子どもが親や教師の妨害をはねのけられるわけではない。

親は余計なことをすべきではない。「子どもの没頭を邪魔しない」ことだけを肝《きも》に銘《めい》じてほしい。

何かに熱中している子どもを否定せず、自由に自己主張させる。そうした教育環境こそが子どもに必要だと僕は考える。

親が子どものために具体的にできることはひとつだけだ。経済的な支援である。きちんと衣食住を整えてあげることは言うまでもない。そのうえで子どもがやりたがっていることには黙ってお金を出す。

子どもはすぐ飽きてしまうが、それはそういうものだと思ってあきらめるしかない。いつかはわからないが、真に没頭するものを見つけるだろう。

あくまで「子どもがやりたい」ことにお金を出すのだ。「親がやらせたい」ことではない。ここを違えてはいけない。

ポイント

なんでもいいから没頭する。
それが個性となり、武器となる

ほとんどのことは自習で身につく

堀江貴文

学校に通わないと基本的な知識が身につかない？　はたしてそうだろうか。

興味さえ持てば、人は自習であらゆることを学んでいけるものだ。

実際、僕は小学校から大学まで学校と名のつくところの授業をおもしろいと思ったことがない。だから教師の話はろくに聞かなかった。

唯一《ゆいいつ》おもしろかったのは、小学生時代に通った中学受験塾の授業くらいだろうか。あとはすべて自習で事足りた。


小学校、中学校、高校、大学と学ばずにこの社会で働いて生きていけるのか？　難解な数学や科学の知識が必要になる研究職は？　そのような特殊な職業でなくても義務教育の素養は必要なのではないか？　あの職業は？　この職業は？

そんなのは余計な心配だ。


まず、研究開発をやりたいという人は基本的に頭が良い。こういう人たちは自分で本を読むなりして、いくらでも学んでいける。

そのほかの仕事はどうだろう。はっきり言ってしまえば、単純労働については、すべてロボットによる自動化が可能だ。

そんなことはないと反論したがるむきもあるかもしれないが、これは事実だ。いまの世の中に、まだ単純労働が残っているのはたんにコストの問題にすぎない。

20年ほど前、タイのバンコクに行った。そのころのバンコクでは自動ドアがあまり普及しておらず、いたるところにドアマンがいた。なぜ自動ドアを導入しないのか、ある店主に聞いてみたところ、「ドアマンの給料のほうが自動ドアを導入するよりずっと安い」という回答が返ってきた。

自動化されない理由のひとつは、人間のコストのほうが機械より安いという単純な事実による。

それでは、なぜ人間のコストは安いのか。

コストが安い人間を供給するための仕組みがあるからだ。

その仕組みこそが義務教育である。詳しいことはまた次の章で述べるが、僕は義務教育は廃止すべきだと考えている。

大量生産・大量消費の社会を前提に、歯車として言われたとおりに動く人間を生み出すために、義務教育は存在する。

義務教育によって、多くの人間がやりたくもない学問をたたき込まれる。それが性に合う人間であれば、出来の良い歯車として多少マシな生活を送ってそこそこ満足することもあるだろう。

だが、義務教育の内容がその人の適性に合っていなかったらどうか。出来の良くない歯車と判断されたら、最低賃金レベルの大しておもしろくもない仕事に従事させられるはめになる。

50年前だったら、どんな仕事にも人間を使う必要はあったが、いまはもうそんな時代ではない。ロボットその他の機械に、退屈な仕事はやらせればよいのだ。

義務教育は、人の能力を伸ばす仕組みではない。得意でもないことを無理やりやらされ、ストレスをため込んでいる子どもはたくさんいる。

いつかロケットエンジンを設計したいという子どもに、サッカーをさせる必要などどこにもない。サッカーをやりたくなったら、学校でなくてもサッカーはいくらでもやれる。

義務教育があるからこそ、低賃金で働かざるをえない人間を生み出していることをきちんと理解しよう。

最近の研究では、やり方次第では秀才でなくても自習ができるのだという。

英国ニューカッスル大学教授のスガタ・ミトラ氏が１９９９年にインドで行った実験は、スラム街の壁にパソコンを埋め込み、子どもたちに自由に使わせるというものだった。[*9]

この地域の子どもたちは、パソコンを見たこともないし、インターネットの存在も知らない。パソコンに触りはじめた子どもたちは、はじめはインストールされていたゲームで遊ぶが、すぐに飽きて別のことをするようになる。１人がGoogle検索でいろんなことを調べられることに気づくと、友達と教え合って、どんどんパソコンを使いこなすようになっていったのだという。

インド全域で2年間その実験を行ったところ、子どもたちの英語力が飛躍的に伸びただけでなく、さまざまなことを深く考察するようになったそうだ。さらに実験を続けると、子どもたち自身でネットから教材を見つけるようにもなった。

さらに褒め役の中年女性を配置すると、南インドの貧困地域の子どもたちの学力は、高所得層の生徒が通う私立学校と同等レベルまで向上した。

ポイントは、インターネットに自由にアクセスできることと、とにかく褒めるということだ。

ポイント

興味さえ掻き立てられれば、人は勝手に学んでいく

「将来性」でスキル習得に励んでも無駄

堀江貴文

いい歳をした大人が、「これからはどんなスキルが役に立つんでしょうか」と聞いてくる。

プログラマーは腕次第で高収入が得られそうだから、プログラミング？　お金のことで

悩んでいる人が増えそうだから、ファイナンシャルプランナーの資格？　英語は最低限ＴＯＥＩＣ何点くらいはないとグローバルの時代にはついていけないだとか、××の資格は狙い目だとか、そんな情報が世の中にはあふれている。

それに踊らされて、スキルや資格をあさりまくるのは馬鹿らしい。資格を取るのが趣味なら別として、**「将来性」があるかどうかで資格を取ろうとするのは浅はかだ。10年後どうなるかなど、誰にもわからない。**1年後にどうなるかだって、こんなにわからない世の中である。

スキルがとか、資格がとか、そこから考えようとするからおかしなことになってしまうのだ。**好きなことがあったら、スキルなど自然に身についていくものである。**

本書の第4章で、割のいい仕事がいかに簡単に見つかるか説明した。そこで例に挙げた動画編集だが、はじめのうちはカットを適当につなぎ合わせていくだけだろう。けれど、もしその作業がおもしろいと感じれば、あなたは一工夫したくなる。

場面転換のエフェクトに凝《こ》ってみたり、サウンドを入れるタイミングを変えてみたり、ストーリーを効果的に見せるためにシーンを入れ替えてみたり、あれこれ試したくなるだろう。

そういうことを繰り返しているうちに、気づくと動画編集のスキルは上達している。どうしてもイメージどおりに仕上がらないというのなら、ネットにあふれている他人の作品を参考にしたり、映画を観たり、テキスト教材を調べることだってできる。

ここでは動画編集を例に挙げたが、しばらく続けても動画編集をおもしろいと思えない人だっている。そういう人も、別の何かにハマるだろう。

最初に「こういうスキルを学ぶ」などと考えてもしょうがない。

プログラミングにしてもそうだ。

将来有望そうだからと、とりあえずプログラミングの学校に通って、先生に言われたとおり演習問題をこなしてみる。変数の型だとか条件分岐だとか、クラスとオブジェクトだとか、基本的な内容を教わる。そして「では、作りたいものを作ってみましょう」と先生に言われ、はたと手が止まる。自分は何を作りたいのか……。

頭でっかちな動機を最初に設定したところで、それは推進力にはなりえない。

最初にあるべきは、理屈ではない興味や関心だ。もっとも本当にハマっているときは、「自分は××が好き」などとすら思っていなかったりするが。

ポイント

1年で社会は激変する。求められるスキルも変わる。やりたいことをやれ

一芸に秀でるなんて簡単だ

堀江貴文

「一流になるには1万時間の練習が必要」という説がある。どんな分野でも1万時間やり続ければ、確かに人より圧倒的に秀でることはできるだろう。だが、飽きもせず1万時間も費やすことができるのは、それにハマっているからだ。

ハマっているあいだは、時間の経過など気にならない。集中し、学習効率も飛躍的に跳《は》ね上がる。

一芸に秀でることなんて、そんなに大したことではない。プログラミングや経営など、人よりうまくできることを僕はいくつも持っている。だからといって、僕に特殊な能力があるわけではない。たんに、人の100倍努力しているだけだ。

努力と聞くと、たいていの人は「つらい」「苦しい」「我慢」といったキーワードを連想するだろう。しかしそれは誤りだ。まったく逆だ。**つらい努力や我慢を自分に強いているから上達しないのだ。**

僕はそのとき自分がやりたいと思ったこと以外は、何もかもそぎ落とす。家族もいないから、家族サービスに時間を取られることもない。これは、家族サービスに勤《いそ》しんでいる人を非難しているわけではない。楽しいことは人によって違うのだから、家族サービスに夢中ならその時間を満喫《まんきつ》すべきだ。家族サービスを嫌々やっているのなら、さっさとやめればいい。

僕はホテル暮らしだから、掃除、洗濯、自炊といった家事もする必要がない。**自分の時間を、自分のやりたいことだけにつぎ込み、それ以外のことは一切しない**。そうやって集中すれば、どんなことでもあっという間に上達する。

仕事が忙しくてやりたいことをする時間がないというなら、仕事を辞めるか、転職すればいい。やりたくもない家事に時間を取られるというのなら、高機能家電や家事代行サービスを活用すればいい。時間を作るための方法は、いくらでもある。

それでも時間がないとこぼす人がいるかもしれない。そんなのはただの言い訳だ。**本当にやりたいことがあれば突き進める**。自分の心の声に耳を傾け、自分にとってのそれは何なのかを見極めよう。

ポイント

やりたいことにひたすら時間を注ごう。
やりたくないことは無視

「海外留学」は過去の遺物だ

堀江貴文

海外留学したいという人は、いったい何のために行くのだろう。

研究者が最先端研究を行うために、海外の研究室に行くというのであればまだわかる。

高校や大学学部レベルで、はたして留学することに意味があるのだろうか。

そのことについて、コロナ禍以降、はっきりと答えが出た。

欧米などの大学では、留学生が渡航できず、日本でオンライン授業を受けることになった学生も多い。オンライン授業であるにもかかわらず、授業料の割引をしない大学も多く、激しい批判の対象になっている。

このような出来事が続いたことで、留学を志していた人たちも大学の意義について真剣に考えるようになってきたように思う。

スタンフォード大学やハーバード大学、マサチューセッツ工科大学といった世界的に有名な大学がいま現在、**MOOCs（ムークス）**に参入している。MOOCs (Massive Open Online Courses) とは2010年ごろアメリカから拡がったサービスで、インターネットを通じてオンライン講義を受けられる学習プラットフォームのことを言う。

原則として受講料は無料、受講資格も問わない。つまりインターネット環境さえあれば、いつでも、どこにいても、誰であっても、名門大学の講義を受けられる。

大学の講義以外では、**カーンアカデミー**というネットサービスが知られている。小学校レベルから大学院レベルまで、数学、科学、コンピューター、アート、経済などの授業をこちらも世界中の誰もが無料で受けられる。

ネット検索すれば、こうしたオンライン授業サービスのそれぞれの特色が紹介されている。自分にとってふさわしい授業がすぐ見つかるだろう。

専門的な学術論文が読みたければ、データベースサービスで好きなだけピックアップできる。この種のサービスはいまだに有料のものも多いが、留学費用に比べれば大したことはない。

基礎的な講義から、専門的な学術論文まで、重要なものはインターネットですべて手に入るのだ。

それでも留学したいという人は、授業そのものというより、人間関係を求めているのだろう。海外の大学で友人を作り、人脈を作っていきたいといったことだ。

だが、それもSNSを使えば済む話である。外国人と直接話すのは気後《きおく》れする人であっても、テキストや写真を介した非同期型コミュニケーションなら馴染みやすい。

同級生だとか同窓生だとか、同じ釜《かま》の飯《めし》を食ったとか、そういうことは人間関係を作るうえで特段に大事ではない。リアルな学校の同級生でも気の合うやつもいれば、合わないやつもいる。合わないやつと無理やりつき合って、無駄《むだ》なストレスをためることなどない。

少人数であっても、自分にふさわしい相手と関係を深めることのほうがはるかに有意義だろう。

現地で暮らさなければ、外国語を習得できないというのも幻想だ。何年も海外留学したところで、日本人同士つるんだせいでいつまでも外国語が上達しないなんて人はいくらでもいる。いまならネット上の外国語学習コンテンツをひたすらやり込めば、読み書きでも会話でも実体験に近いかたちで吸収できる。

海外で暮らすこと自体には、意味がある。ずっと同じ場所にとどまるのではなく、行ったことのない場所に行き、そこで生活するのは貴重な経験だ。日本の社会や文化についても、客観的な視点を持てるようになるだろう。

だが、その経験を得るために、**高い費用を払って海外留学する必要があるとは思えない**。違う土地に行って暮らしてみたいのなら、大学がどうのと言わず、さっさと出かければよいだけのことだ。

ポイント

海外留学と同等の学びはオンラインでできる。しかも低コストだ

スマホの使い方ひとつで学習効果は何十倍にもなる

堀江貴文

子どもにスマホやタブレットを与えると、夢中でいじり出す。何時間もゲームをぶっ通しでやったり、YouTubeで動画を延々と見続けたり。

東北大学の川島隆太教授は、著書『スマホが学力を破壊する』（集英社）において、「長時間携帯やスマホを使用する生徒の学力は低い」という調査結果を示した。

この研究以外にも、ビデオゲームのプレイ時間が長いと学業成績が下がるという報告もある[*10]。スマホの長時間利用は、うつ病の原因になっている可能性があるという報告もある。

親としては、こうした話を聞いて平静ではいられないだろう。スマホが悪い、ゲームが悪い、スマホやゲームを禁止すれば、子どもの学力が向上すると考えたくなるのもわからないではない。

香川県は２０２０年、18歳未満を対象にゲームの利用時間を1日60分まで（休日は90分まで）、スマホを使えるのは中学生以下なら21時まで、それ以外は22時までとする「ネット・ゲーム依存症対策条例」を作ってしまったほどだ。

だが、**「スマホは悪影響があるから子どもに使わせるのは禁止」と決めつけてしまうのは非常に短絡的だ。**新しいテクノロジーが登場するたび、大人は常に大騒ぎしてきた。子ども同士の長電話に目くじらを立て、深夜のラジオ番組に夢中になる子どもを叱った。テレビ番組は教育に良くないと言い、パソコンで遊ぶのはくだらないと決めつけた。そして、インターネット、スマホが次の悪者になった。

スマホと学力低下の関係はまだよくわかっていない。あくまで相関関係であって、因果関係ではないと指摘をする人もいる。[*11]

相関関係を説明する有名な喩《たと》えとして、「水難事故とアイスクリームの売上げ」というものがある。統計データを分析すると、アイスクリームの売上げと、水難事故の発生件数のあいだに、強い相関があることがわかったとしよう。アイスクリームの販売を自粛したところで、水難事故が減るわけがないことは誰にでもわかる。
この場合なら、アイスクリームの売上げ、水難事故の発生件数それぞれが気温と相関していそうだが、実際問題として相関関係と因果関係を切り分けるのは難しい。

先の川島隆太教授にしても、スマホの使用時間が長いことで睡眠時間が短くなり、その結果として学力の定着が悪くなっている可能性を指摘している。

要するに、スマホの利用それ自体ではなく、睡眠不足で頭が回らなくなっているだけかもしれないということだ。

また、ゲームと学力低下の関係を研究した、慶應義塾大学経済学部の田中辰雄教授によれば[*10]、**平日のゲームのプレイ時間が1時間未満であればゲームをプレイしている人のほうが（中学から高校への）進学校への進学率が高い**という。ゲームプレイに自分でルールを設けている人は、さらに進学率が高まるという結果も出ている。

僕は学校など必要ないと考えているから、スマホを使って学校の成績が悪くなろうがどうでもいい。

マンガを読みまくっていようが、ゲームをしまくっていようが、東大に入る人間は入るし、僕自身もそうだった。いまスマホを手放さない子どもにしても、同じことだ。

結局、スマホは道具にすぎない。道具だから使っても使わなくてもいいということではなく、道具だからこそ使い方ひとつで何倍、何百倍、何千倍も効果が違ってくるのだ。

問題はスマホを手放せない子どもではなく、スマホをうまく活用している姿を見せられない大人にあるのではないか。


スマホを使えば、驚くほど多様なことができる。

知らない言葉をGoogle検索するのはもちろんのこと、その辺に生えている花を撮影して、名前や生態を調べることだってできる。

Googleマップを使えば、世界のどこでも一瞬で行ける。紙の地図帳と違い、スマホを使えば、過去の地図も見られる。外国語を学ぶこともできるし、複雑な数式をわかりやすくグラフにして見せることも可能だ。

SNSにアクセスすれば、日本に限らず世界中のおもしろい人とつながれる。

いま挙げたようなスマホの使い方をしろということではない。何が子どもにとって良い使い方で、何が悪い使い方なのかなど、親も含めて誰にもわからない。

僕が子どものころ、親はマンガを読むとバカになると決めつけていたし、熱中していたパソコンを捨てられたこともある。だが、役に立ったのは、学校の授業で習ったことではなかった。読みふけったマンガで得た知識や感性、パソコンに没頭したことで得たプログラミングだ。

余計なことは考えず、子どもにはスマホを好きなだけ使わせればいい。

ポイント

スマホを好きなだけ使おう。
スマホ依存？　それは使い方が下手なだけ

ひたすら情報を浴びよう。計り知れないメリットがある

堀江貴文

現代において、ほとんどの事柄はオンラインで自習できる。

「まずは何からどうやって学べばいいんですか」と聞いてくる人がいるが、答えはあなたの手元にある。

スマホという最強のツールをすでに持っているではないか。スマホを使えば、情報はいくらでも手に入れることができるのだ。

多くの人は、情報を入手して活用するということを誤解している。あまり知られていないとっておきの情報がどこかに存在していると思ってはいないだろうか。

そういう人間は、一攫千金《いっかくせんきん》を狙える投資手法だとか、すぐに痩《や》せられるサプリメントだとかの情報にすぐ踊らされて、有り金を巻き上げられてしまう。

情報とはそういうものではない。もちろん、企業秘密や国家機密は存在するが、そうした情報も価値がわかる人間が扱わなければ意味がない。

情報を活かせるようになるために必要なのは、莫大な量の情報を浴びることだ。情報のソースや質は問わない。 あらゆるジャンルの情報をシャワーのように浴びることで、受け手の脳が変化していく。

ＡＩの手法のひとつ、ディープラーニングでは大量のデータを基にモデル（数式や理論）を作成する。

わずかなデータだけ与えて、「どちらがイヌで、どちらがネコか分類しろ」と命令したところで、ＡＩモデルも適切な判定をすることはできない。膨大なデータを与えられ学習した結果、「ネコらしい特徴」「イヌらしい特徴」というものがわかってくる。

人間の脳もこれと同じだ。たくさんの情報を取り入れるうちに、脳の回路が組み変わり、これまではできなかった高度な判断をすばやく行えるようになっていく。

最初のうちは、「3と5ではどちらが大きいか」といった程度の問題しかわからない脳みそも、より複雑で抽象的な物事を判断できるように変化していく。

それこそが情報を取り入れることの意味だ。**情報自体に意味があるというより、高度な判断を行う脳を作るために情報が必要なのである。**

すぐに行動できるかどうかも、つまるところは情報量の差だ。

情報を普段から取り入れている人は、物事の判断が速い。

解決しなければならない問題があっても、「これとあれを組み合わせればできそうだな」「似たようなニュースを見た記憶がある」という感覚が持てる。この感覚を基に、すぐに動き出すことができる。

情報を取り入れる習慣がない人はこれができない。何から手をつけていいかわからず、どうしよう、どうしようと悩んでいるだけで時間が過ぎていく。

「やる気」や「行動力」などという曖昧《あいまい》な概念はどうでもいい。行動するために必要なのは情報を取り入れることだけだ。

おそらく僕は一般的な人より1ケタ、2ケタ多い情報を取り入れて、処理しているだろう。処理と言っても大したことではない。記憶などせず、読んだらすぐに忘れてしまう。本当に浴びるだけなのだ。

情報ソースにしても、みんなが使っているのとまったく同じものを使っている。スマートニュース、NewsPicksなどのニュースアプリに、TwitterなどのＳＮＳを巡回しているだけだ。

ただし、心がけていることはある。

ニュースを全部覚えている必要はないが、**興味を惹《ひ》かれたニュースに関しては必ずアウトプットをする**ということ。Twitterで引用リプライをするだけでもいい。アウトプットをするとその情報は記憶に残りやすくなるし、同じ関心を持っている人とつながりやすくなる。

もうひとつは、ジャンルの食わず嫌いをしないということ。馴染みのあるジャンルを固定して巡回するのではなく、あまり興味がなかったジャンルについても取り入れていくのだ。

まったく違ったジャンルの情報を取り込むことで、脳内のセレンディピティ（思わぬものを偶然に発見すること）が起こる確率を上げられる。

情報ソースにはネットだけでなく、リアルに人と会って話すことも含まれる。その場合でも、いつも同じメンツとだけ話すのは避けるようにすべきだ。

いつも同じジャンルの情報を見て、いつも同じメンツと話すことで、安心感は得られるかもしれないが、そこに自分の成長はない。

ネットにおけるエコーチェンバー（特定の意見や思想ばかりが増幅されること）の問題もそうだ。

自分にとって心地のよい、傾向の似た人々の話ばかり聞いていると、特定の意見ばかりが増幅され、ほかの意見が耳に入らなくなっていく。

変化が加速し続けている時代にあって、**「情報はここまで取り入れたら完了」というゴールはない。**取り入れた情報はあっという間に陳腐《ちんぷ》化していく。次々に新しい技術が生まれ、常識も塗り変わっていく。
たゆまず、日々情報のシャワーを浴び続けよう。

ポイント

あらゆるジャンルの情報を浴びることで、脳は高度化する

効率よく情報収集したければ本を読め

堀江貴文

情報を取り入れる際、ソースや質、ジャンルは気にせずに浴びろと言ったが、情報の密度や効率については意識すべきだ。
何よりも貴重な自分の時間を使うからには、最大限の効率で情報を得るようにしよう。

手段として最悪なのは、テレビである。テレビでは、決まった時間に決まった内容の番組が、送り手の都合で放送される。リアルタイムで視聴している場合には、CMや興味のない情報をスキップすることもできない。数秒で説明できる内容を何分もかけて説明してくるから、情報密度は恐ろしく低い。

そんな情報をテレビの前に座ってじっと見ているなど馬鹿らしい。

YouTubeは時間や場所の制約についていえばテレビよりマシではあるが、情報収集の手段としてはおすすめできない。テレビ、ネットを問わず、動画や音声は時間当たりに得られる情報量が少なすぎるのだ。YouTubeは、映像で見ないとわからない事柄を調べるためのもの、もしくは純粋な楽しみのためと割り切ったほうがいい。

紙の新聞も、もはや情報ソースとしては時代遅れだ。速報性に欠けるし、持ち歩いて移動中に見るのが面倒だ。

やはり、情報密度、使い勝手の点からいっても、スマホがよい。ニュースアプリやTwitterを情報ソースの例として挙げたが、特定のアプリにこだわる必要もない。より効率的に情報を取り入れられるアプリやプラットフォームへ、どんどん乗り換えていこう。

情報を取り入れるようにしていれば、いまどんなアプリが話題になっているかもわかってくる。Twitter や NewsPicks などの場合、有益な情報を流してくれる人を積極的にフォローするようにすれば、情報収集の効率化を図れる。

先ほど僕は、気になったニュースについてはコメントするなどのアウトプットを心がけるべきだと述べた。**情報を紹介する行為はほかの人にとっても利益になり、あなたの付加価値を高める**ということも意識してほしい。

密度の高い情報ソースとしては、本もある。**1つのトピックについて論理立てて書かれた本は、いまの時代でも価値がある。**ライブドア事件で拘置所にいたころは、とにかくずっと読書をしていたものだ。さすがに消灯時間後はあまり読めなかったが、そういう制約がなければ1日20冊くらい読むのはそれほど難しいことではない。速読などの特別な技法を身につけていなくても、知識が増えてくれば本を読むスピードも自然と上がってくる。

ただし、それでも1冊の本を読むには時間がかかる。**書籍の要約サイトや要約アプリを使えば、大まかな内容を圧倒的に短い時間で取り入れることができる。**要約を読んで気になった本だけをきちんと読むようにしたほうがはるかに効率的だ。

情報密度が高く、僕もよく読むのがマンガだ。ビジュアルとテキスト、ストーリーが一体化されたマンガは、１ページ当たりの情報量が実は極めて多い。

映画と同じく複数の要素が統合されたメディアでありながら、自分のペースで読み進めることができるという特長も備えている。エンターテインメントとしてのフィクション、ノンフィクションのほか、「マンガでわかる〜」といったものは情報収集の手段としても大いに役立つ。

マンガ、ウェブ、ＳＮＳ、スマホといったメディアによって、人が得られる情報量は、飛躍的に増大した。たんに情報が増えただけでなく、それを取り入れるための手法も進化している。

高校時代、僕は大学受験のためにかなりの時間を勉強につぎ込んだ。受験直前には、睡眠以外の時間はずっと勉強していたと言ってもいい。

しかしいまなら同じ内容を勉強するのも、はるかに短時間で済んだだろう。スマホアプリやネットの教材を使えば、中学・高校の授業内容など、6年間もかけて学ぶ必要はない。というより、いまならわざわざ大学に行くという非効率なことをしていなかったと思うが。

情報収集の効率化は、受験勉強に限った話ではない。仕事や趣味も含めて、あらゆる場面において効率化を意識することで、人生をもっと有意義にすることができる。

もちろん、ネットで完結しない学びはある。だが、ネット、スマホを活用して時間を効率化すれば、より多くのことを学べるようになる。

時間をかければ、良い仕事ができるとはかぎらない。常に学びを効率化することで、より良い仕事ができるようになるのだ。

ポイント

動画や音声に比べ、
テキストの情報密度は飛びぬけて高い

第6章

教育

義務教育の功罪

堀江貴文

「子どもをどういう学校に通わせたら、いい仕事に就けるか？」
「どんなスキルを伸ばせば、稼《かせ》げるようになるか？」
「どうすれば自分の夢を見つけられるようになるか？」

子どもを持った親の常套句《じょうとうく》だ。

僕に言わせればどれも見当違いの悩みである。そんなことにこだわってどうするというのか。僕らは、本来もっと自由だったはずだ。

自由だったはずの僕らを縛っている代表は、義務教育にほかならない。

良い意味でも、そして悪い意味でも、義務教育というのはすごくよくできた仕組みだ。100年以上にわたって、僕らの思想を縛ってきたわけだから。

義務教育は巨大な洗脳装置である。そのことを理解していないと、教育に関する議論は明後日の方向に行ってしまう。

洗脳というのは、何もカルト教団の専売特許ではない。学校やマスメディア、広告、SNSなどから発信される情報は、僕らの行動パターンに大きな影響を与える。

特に幼少期に繰り返し教え込まれる「常識」の威力は絶大だ。洗脳を受けて育った大人は、また自分たちの子どもにその常識を植えつけ、それが社会の常識として固定化されていく。

固定化された常識の枠組みから脱却《だっきゃく》するのは、本当に難しい。

もし社会がずっと同じ状態であるなら、昔からの常識に従っているだけでうまく生きていくこともできるだろう。

だが現在の社会は、数十年前と比べてすら激変している。それなのに義務教育をはじめ、100年以上前に作られた枠組みに従って生きようとしてもうまくいくはずがない。

その枠組みから抜け出そうとするなら、義務教育とは何かをあらためて考え直す必要がある。

6歳よりずっと前、未就学児童は、まったく落ち着きのない生き物だ。ワーッとかギャーッと奇声を発してその辺を走り回ったかと思うと、一心不乱にゲームに熱中したりする。そんなサルのような生き物も、中学3年生くらいにもなれば教室を走り回ったりはしなくなる。

たった9年間で、ほとんどすべての子をこんなふうにしつけてしまう義務教育はすごい。

こうした仕組みは古代からあったわけではない。義務教育のような仕組みは世界中にあるが、その源流は18世紀ごろの産業革命の進展、そしてそれに伴《ともな》って立ち上がってきた国民国家という概念にある。

文化や言語などを共有する「国民」が国家主権を持つ。そうした国民国家が国のあるべき姿だと誰もが考えるようになっていった。そして国民国家は近代的な徴兵制を生み出すことになる。

国民国家以前、国を守るのは騎士階級や傭兵《ようへい》の役割だった。ところが国民国家では国家は国民のものだから、国防は国民の義務ということとなった。19世紀フランスのナポレオンは強力な軍隊を作り上げてヨーロッパを支配したが、ナポレオン軍は徴兵された国民で構成されていた。

報酬次第ですぐに寝返ってしまう傭兵より、「自分たちの国を守る」という強い意志でまとまった国民のほうがずっと強かったのだ。

だから、国民国家は徴兵制を採用し、そうして作られた軍隊をさらに強くするように各種制度も構築されていった。そのなかでも特に大きな役割を果たしたのが、義務教育だ。

規則を厳密に決めて、命令にきちんと従う。**優秀な兵隊を作るための仕組みが義務教育だったのである。**

工場労働者を養成するうえでも、義務教育は力を発揮した。

工場のラインを効率的に動かそうとすれば、決められた時間にきちんと出社して、決められた手順をきちんと守って機械を動かす。それが優秀な労働者だった。

生物としての人間なんて、本来は勝手気ままなものだ。やりたいことをやって、食べたいときに食べ、眠くなったら寝る。そういう生き物を小さいころから洗脳することで、周りのみんなと同じように行動し、上からのルールには盲目的に従うように作り変えてしまう。

ポイント

義務教育が悪しき「常識」を植えつける

画一的な教育では誰も幸せになれない

堀江貴文

半世紀前までなら国民国家による義務教育というのは、最適解だったのかもしれない。労働者や兵隊として真面目に言われたことをやっていれば、国は豊かになり、自分もその豊かさを享受《きょうじゅ》することができた。

確かにこの２００年間で僕らは飛躍的に豊かになった。よく言われることだが、先進国の住人なら金持ちでなくても２００年前の貴族よりはるかに豊かな生活を送っている。いきなり殺されることや、ケガや病気で死ぬことも格段に減った。安くてうまい食事がいつでも食べられる。一生かかっても消費できないほどの娯楽もある。

もっとも、現代に生まれた人にとってはそんな社会が当たり前なのだから、２００年前と比べたところで幸福度が上がるわけでもないが。

逆に、いまの時代はかつての最適解であった国民国家や義務教育などのデメリットがやたらと目につくようになってきている。

みんな一律の教育を受けて、おとなしく言うことを聞いているだけでは幸せになれなくなってしまった。

かつてなら、工場で大量生産された製品は作った端《はな》から売れて企業は大儲《おおもう》けできたが、必要なモノが行き渡った社会ではそんなわけにはいかない。

テクノロジーの進化によってかつての最適解はもはやベストではなくなっているのに、

ほとんどの人は長年の洗脳教育で作られた古い常識を捨てられずにいる。

どうして学校のカリキュラムどおりに勉強しないといけないのか？　どうして毎朝決まった時間に会社に行かなくてはならないのか？　どうして就職して毎日働かないといけないのか？　どうしてみんな同じように行動しないといけないのか？

誰もが薄々おかしいとは感づきはじめてはいるのだが、これまでに刷り込まれた常識と同調圧力のせいで、疑問を口にすることができずにいる。

6歳のころから洗脳されていては、それも仕方のないことではあるが。

ポイント

大量生産の時代は終わった。
一律の教育からはもはや何も得られない

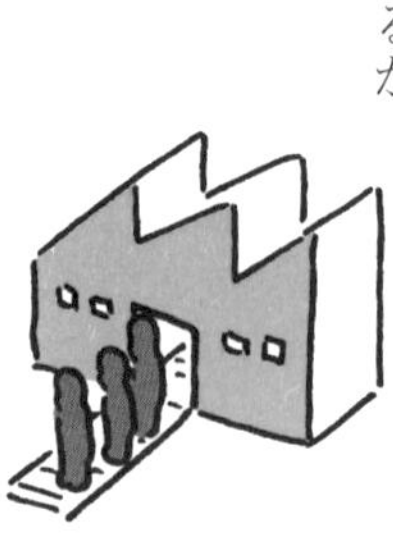

今後求められるのは、いつでも変化できる人間

堀江貴文

義務教育のような画一的な仕組みは、いまの世界ではもはや通用しなくなっている。社会が変化するスピードに追随《ついずい》できないからだ。

ブロードバンドインターネット、スマートフォン、ＳＮＳといったテクノロジーによって、新しく生まれた知見はあっという間に、全世界で共有されるようになった。

例えば、ＡＩだ。

21世紀初頭まで人工知能研究は停滞していたが、２０１０年代に入ってディープラーニング技術が圧倒的な成果を上げると、多くの研究者や企業が一斉《いっせい》にこの分野に参入し、すさまじい勢いで研究が進んでいる。

例えば従来のＡＩ技術で画像を認識させようとすると、どういう特徴に注目すべきか人

間が指定する必要があった。

ディープラーニングでは、ＡＩ自身がどこに注目すべきかを学習することで、自動的に精度を高めていける。


ディープラーニングも初期のうちは、画像認識精度の高さが話題になる程度だったが、数年でチェス、将棋、囲碁で人間を打ち負かすようになった。

音声で命令できるスマホやスマートスピーカーは、もはやごくありふれた製品だし、ＡＩが生成したディープフェイク動画（実際の画像や動画や音声を加工・合成して作られる、本物そっくりの架空動画）を見破ることは難しい。


知見が共有されることで、あらゆる分野の変化がスピードアップしている。

いま求められているのは、起こっている変化を感じ取り、短期集中で変化についていける人間だ。

何かを身につけるために、のんびりと何年も学校に通って、昔の人が決めたカリキュラムを惰性《だせい》で勉強する。教科書の内容を暗記して、パターンどおりの問題ばかり解こうとする。

そうやってその他大勢といっしょのことをやっていれば、安心できるかもしれないが、他と差別化を図ることができず埋もれていくことになる。

変化についていくとはどういうことか。

プロ棋士の藤井聡太さんは、ＡＩ相手に指し手を研究し、史上最年少のタイトル獲得をはじめ、将棋界の記録を塗り替え続けている超新星だ。

ＡＩが将棋で人間を打ち負かす時代、人間が将棋を指すことを時代遅れだと思う人もいるかもしれない。

だが、**藤井さんは積極的にＡＩの力を取り入れることで、将棋というゲームをレベルアップさせた。**

おもしろいと思った手法やテクノロジーはすぐ試し、短期集中で身につけ、活用できるようにする。

これが変化についていくということだ。**のんびり学校に通って、みんなと同じことを勉**

強している暇《ひま》などない。

ポイント

短期集中で学び、とにかく実践しよう

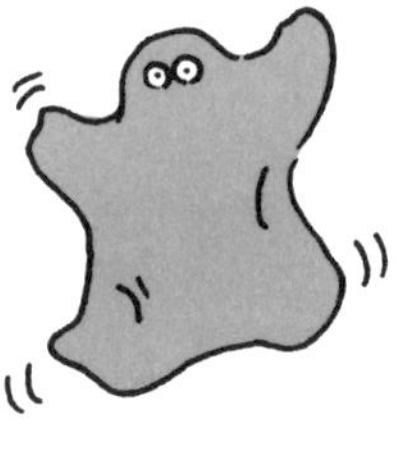

学校なんていらない

堀江貴文

変化の激しい時代に、これまでの教育システムはほとんど意味をなさない。

教育改革の必要性を唱える人は増えてきた。

教室当たりの生徒が多すぎると、教師の目が届かないから、少人数学級にしよう。学んだことが身についていないのに一律で進級させるのはおかしいから、学年制をやめよう。

もっとゆとり教育を充実させよう……。

そうした意見はみんなナンセンスだ。

僕の意見は極めてシンプル。**義務教育制度を撤廃しろ**、だ。

そう主張すると、反論する人が必ず出てくる。

義務教育なしで自分で調べ物ができるようになれるのかとか、最低限の読み書きは必要ではないかとか、時間を守る習慣は必要だとか、あれこれ言われるが、そんなことはみな些末《さまつ》なことだ。

義務教育に基づいた小学校、中学校のイメージが強すぎて、それらのない世界が想像できなくなってしまっている。学校がいらないと言われても、「じゃあ、塾が代わりになるんですか」とか「家庭で教えればいいんですか」と、学校のオルタナティブになる存在をつい求めてしまう。

教育のことを考えるのであれば、いまの義務教育をベースにするのではなく、まっさらな状態から考えてほしい。

小学校や中学校、寺子屋すらなかった時代だ。その時代に生きていた人にとって、幸せに生きるために学校は必要だっただろうか。ごく一部の人間が何かを習う仕組みはあっても、たいていの人間はそんなことはおかまいなしに生きていた。それで困っていたわけではない。

重要なのは、学校があるかないかではなく、幸せに生きることだ。その時代を幸福に生きるために必要なのは何かを、現代社会に置き換えて考えてみればいい。

いまの日本で、小学校に行かないと言葉を話せないだろうか。もちろん、障害を持った子どもに対するケアは必要だが、それはまた別の議論だ。大多数は自然に話せるようになる。最低限の読み書きについても、学校の授業で教えなくてもできる。

義務教育制度が生まれたころの社会では、最低限の読み書きを学ぶために学校に行く必要があったのかもしれない。だが、そのころといまとではまったくインフラや情報が違っている。

小学校で教わるような基本的な読み書きや簡単な計算くらい、わざわざ学校に行かなくても学べる。無料の優れた学習コンテンツがいまネット上にはあふれている。

学校に行かないと、時間を守る習慣のない、あいさつができない人間になってしまうのではないかと心配する人がいる。

時間を守れなかったり、あいさつができないことのいったい何が問題なのだろう。

大人でもそんな人間はいくらでもいる。成功者と呼ばれているような人間でもだ。**幸福に生きるために、時間厳守もあいさつも関係ない**。

昔ながらに会社勤めをして、工場で働くというのであれば、時間を守らない、あいさつをしないというのは問題かもしれない。工場で時間を守らない人間がいたらラインをうまく流せないから、そういう人間は雇ってもらえない。


しかし、現代の仕事はそうではない。

この本の第2章で述べたように、テレワークのポイントは非同期型コミュニケーションだ。時間をいくら守ろうが、同期型コミュニケーションにこだわるのなら、それは「使えないやつ」でしかない。

時間厳守が絶対必要な仕事はあるだろうが、そういう仕事は時間を守るのが得意な人間がやればいいだけの話である。時間を守るのが苦手なら、非同期型コミュニケーションが重視される仕事を選べばいい。

集団行動はどうか。学校で集団行動をした経験がないと社会生活が営めない？　そんなのは幻想だ。

むしろ学校こそが、良くない集団行動を拡める感染源になってしまう面もあるのではないか。

小学校のころ、僕がみんなと違うことをやったり言ったりすると、同級生たちは束になって僕を押さえ込もうとしてきた。さすがに僕も子どもだったので、自分の考えをうまく言語化、理論化できず、暴力で反抗していたが。

こうした構図は、大人の社会でもまったく変わらない。多数派と違った意見を述べれば、マスコミは一斉にその人を叩く。関係ない周りの人間も、同調圧力に従って同じように振る舞い、イジメに加担する。学校でこんなことを学ぶ必要なんてあるのだろうか。

同じ年齢の子どもを一箇所に集める学校という存在は、社会の縮図ではない。本当の社会とは、もっと多様なものだ。

いまはネット上で、さまざまな年齢や国籍、性別、思想を持った人たちとコンタクトできるようになっている。学校がなくても、他者とのつき合い方はいくらでも学ぶことができる。

学校に行かないと教養が身につかないというのは、思い込みにすぎない。

僕は義務教育をなくすべきだと考えているが、子ども自身が学校に行きたいのなら行けばいい。行きたくないなら、行かなければいい。不登校の小学生ユーチューバーが話題になったりもしたが、好きにすればいいと思うだけだ。

ポイント

学校で集団行動の経験をしないと社会生活が営めない？　そんなのは嘘だ

大学には行くべきか?

橋下　徹

　大学のあり方に対して、疑問を抱く人が増えてきたように思う。

　これまで日本の大学は、学問を学ぶところというより、企業に就職するためのチケットだとみなされてきた。高度経済成長期以来、良い大学を出て、良い会社に入るのは、安定した人生を送るための必須条件だと考えられてきたわけだが、もはやそうしたルートは安《あん》泰《たい》とは言えなくなった。

　コロナ禍では、さらに大学の意義が問われることになった。多くの大学がオンライン講義に移行し、そのこと自体は評価されるべきだろう。

　だが、オンライン講義をただ視聴しているだけなら、いまやインターネットにあふれている有名大学の無料講座や、それこそ大学での授業よりもよほどためになる動画を視聴することと変わらない。

インターネットでは無料なのに、大学のオンライン講義では通学の場合と同じだけ授業料を取るのはおかしいのではないか、そうした疑問の声も上がっている。

僕自身は、大学完全否定派ではない。理系の研究などは、オンライン授業だけでは実施できないだろうし、一部能力のある者はネットだけであらゆることをどんどん学ぶことができるだろうが、そうではない人が多くいるのも現実だ。

大学の質を高めることを前提として、大学で学びたいという者が、家庭の経済状況に左右されずに学べる環境を整えることが政治の使命だと考える。

だが、あらゆる人が大学に行くべきだとも思わない。

いまの日本の大学の状況をしっかり認識し、自分のどのような能力を伸ばすことができるのかをしっかり知ったうえで、大学進学を決めるべきだ。

何かを研究したい人、特に理系分野であれば実験が必須だから、大学に進学して専門知識を習得するのは大いに意味があるだろう。

他方、文系の人、特に社会科学系の分野においては、先ほども言ったように、いまやインターネットの世界で知識めいた情報はあふれている。

いま、日本の大学、特に文系の領域では競争力がない。

いったん教授になれば定年までそのポストが保障されるような大学の世界で、教授たちの力が伸びるわけがない。すなわち日本の大学は流動性が低いので、大学自体の力も伸びないのだ。

教授自身の独善的・自己陶酔的な授業。サービスの受け手である学生から厳密な評価を受けない授業。こんなことで、授業自体の質が上がることなどない。

教授側は、学生なんぞに自分の授業を評価されてたまるか、と思っているのだろうが、その結果、日本の大学の力が弱まった現実が見えていない。

ダメな教授はどんどん退出してもらう。生き残るために、教授自身にも必死に努力してもらい質を高めてもらう。そのためには「流動性」が必要だ。

いまの日本の大学は流動性が低い。

そんな大学の一教授の見解などあてにならない。インターネットの世界であらゆる見解に触れたほうがよほどためになる。

では**大学、特に文系の意義は何か？**

僕は**専門知識を習得するというより、受験勉強を通じて事務処理能力を高めることにつながる**のではないかと思っている。

すべてだとは言わないが、僕の個人的経験では、高学歴の人はそれなりに事務処理能力が高い。

会議の内容を要領よくまとめて、文書を作成する。プロジェクトを遂行するためには何が必要か考えて、計画どおりに実行する。連絡網を作り、コミュニケーションが円滑《えんかつ》に進むようにする。予算管理を適切に行う。

こうした**事務処理能力は、一見すると地味だが、組織運営には欠かせない貴重な能力だ。**

これからはクリエイティブな発想が求められるとはよく言われることで、もちろん僕もそのとおりだと思う。事務処理能力を高めたところで創造力が高まることはない。

しかし、創造力だけを極めればいい一部の天才でもないかぎり、普通の人間にとって仕事を円滑に進めるうえで事務処理能力が必要となることも現実だ。

つまり事務処理能力もそれはそれでひとつの才能であることに間違いないのだ。

いまの大学入試、その前の高校入試で得る知識は、社会人になって役に立つことはほとんどない。ではなぜ受験勉強をするのか。

それは事務処理能力を高めるからだ。入試は、知識の量を問うというよりも事務処理能力を測《はか》っている。

受験勉強に長《た》けているというのは、要領が良いということだ。試験に出そうなところを大まかに予測して、集中的に覚える。

覚え方にもコツがある。大きな流れをつかんで細かなことに進む。共通性をつかんで差異に注視する、など。

いずれにせよ受験戦争に勝ってきた者は事務処理能力が高いことが多い。

大学の質がそれほど高いとは言えない日本の大学において文系分野を学ぶ意義も、当該分野の専門知識を学ぶというよりも、大学の単位を取ることで事務処理能力を高めることにあると言っても過言ではない。

司法試験も同じだ。司法試験で問われる知識など、法律実務家に必要な知識のほんのわずかな量だ。

だから司法試験で問われるのは知識というよりも、試験に必要な知識をいかに要領よく習得したか、またおよそ試験時間内で解くことなどできない問題量にいかに要領よく答えていくかの事務処理能力が問われているのだ。

そして事務処理能力があれば、のちに要領よく学んでいく力があるものと推定される。事務処理能力とは知識を得ることではなく、効率よく勉強する能力のことである。

ただし、難関の試験を突破した者のすべてが事務処理能力が高いということではない。それはあくまでも推定のことで、実際にはその能力が低い者もたくさんいる。

さらに、世の中でやっていくには事務処理能力だけでは不十分だ。

アイデア、人間的コミュニケーション力、人間的魅力、世の中の甘いも酸《す》いも知る経験、機転、度胸などなど、大学では学べないことが非常に重要になる。

これから大学で学ぼうとするにしても、このように**大学で習得できることなど、世の中で必要なことのほんのわずかにすぎないことを十分に知っておくべきだ。**ただし、だからといって完全に不要なものではないと思う。

日本の大学も、もっと教授の流動性を高めて力を付けて、世の中で通用する能力を学生に習得させてほしい。

いまのままの日本の大学で学んだ学生たちは、激しい競争にさらされるこれからの国際社会では通用しなくなると思う。

ポイント

事務処理能力を養いたいのなら、受験勉強を突破して大学に行く価値はある

「勉強↓一流大学↓一流企業」のモデルは崩壊した

橋下　徹

勉強して、難関大学を卒業し、企業でバリバリ活躍したい、もちろんそういう生き方を目指すのも有意義だ。ただし、そうしたルートの競争はむしろ昔より激しくなっているようにも見える。

少子化によって大学に進学すること自体は難しいことではなくなったが、事務処理能力が低いと思われてしまう大学によっては、就活であっさり門前払いされてしまうこともある。

誰もが知っている大手企業に入ろうとすれば、難関大学を卒業していないといけなくて、そこに入るためには中学から進学校に……というわけで都市部では小学生のころから過酷《かこく》な受験ゲームに参加させられる子どもたちも多い。

とはいえ、大手の会社に就職したところでその先いつどうなるかはわからない。いまの若い人たちは本当に大変だと思う。**学校の勉強を真面目にがんばって、良い大学に入るという単純なゲームではなくなってしまった。**

これからの時代に問われるのは、個人としての能力だ。

事務処理能力が高いだけでは、世界の優秀な人間と競い合うことはできない。**海外のエリートたちは、すさまじい競争のなかで生きている。国籍も人種も関係なく、ただ個人の能力だけが問われる。**

世界的ハイテク企業のトップは、経営ができるだけでなく、先進テクノロジーに詳しく、政治的な目配りもできるスーパーマンぞろいだ。貿易や金融、農業などの国際会議に出席する政府系職員は、当たり前のように博士号を持っているスペシャリストである。

そこまでいかずとも、仕事をするうえで世界の人々と競い合う機会は、増えることはあっても減ることはない。テレワークを含むテレビ会議やネットコミュニケーションが一般化していくのであれば、**日本において日本人であることのアドバンテージはどんどん低下**

していく。

企業としては、同じ仕事を任せるのであれば、賃金が安いほうがいいに決まっている。誰にでもできる仕事は、より賃金の安い途上国へ流れていくか、機械で自動化されていくことになる。

高額報酬を得たいのならば、個人の能力を高めて、自分の付加価値を上げるしかないのだ。 1つの会社、日本の会社にとどまるのではなく、自分の能力を買ってくれる企業を転々とし、また国境もまたぎながら、報酬も上がっていく。

そのためには、早い段階から、自分の適性を自覚することが必要になるだろう。

これは何も、ひたすら学校の勉強をこなせということではない。

学校の授業や部活動を漫然とこなすのではなく、いまやっていることで自分のどんな能力、どんなスキルが上がるのだろうかということを意識することだ。

好きなことであれば、何時間練習することも苦にならずに続けられるから、自然と得意になっていく。逆に、どうしても好きになれないことを嫌々続けたところで、大した上達はしないだろう。

つまらないどうでもいいことを、先例や慣例に従ってやり続けることほどアホらしいことはない。

自分の好き、得意がわかってくれば、それをさらに高めるにはどうすればよいのかも見えてくる。

大学に進学するのがよい場合もあるだろうし、別の道を探したほうがよいこともあるだろう。

ポイント

これからは学歴も人種も国籍も関係ない。問われるのは個人の能力だ

「教育格差は仕方ない」との自己責任論に取り込まれるな

橋下　徹

これからは個人の能力が問われる時代になる。だから誰もが自分の適性を自覚し、能力を最大限に高められる方向へ進むのが理想だと僕は考えている。

激しい自由競争のなかで切磋《せっさ》琢磨《たくま》することで、人間の能力は鍛えられる。そのような人間集団が社会も活性化させる。流動性は社会全体を活性化させるのだ。

ただし本書の第2章でも述べたように、人が激しい競争のなかで挑戦するためにはセーフティネットが絶対に必要だ。サーカスの芸人が空中ブランコで大技を繰り出せるのも、安全のためのネットや命綱があるからだ。

セーフティネットがなかったら、恐怖心の欠如《けつじょ》した一部の人間しかチャレンジなどしないだろう。

さらに、僕は子どもたちが教育を受けることのできる環境は平等にしなければならないと思う。

日本の教育内容にいろいろ批判もあるし、特に日本の大学の質が非常に低いことは先ほど述べた。しかし、**一部の天才肌の者を除いては、自分で学ぶ能力が身につくまではある程度教育を受けることが必要だ。**

教育とは知識を得るものではなく、自分で学ぶ能力という一種の事務処理能力を得る機会だ。

飛行機も飛び立っていくには滑走が必要だ。自転車を1人で乗れるようになるにも、後ろで支えながら走ってくれるパパやママが必要だ。

この滑走やパパやママにあたるものが、教育だと思う。

だからもうすでに1人で飛び立てる者、1人で自転車に乗れる者は、教育に頼らずに自分の力でどんどん学んで進んでいけばいい。個人の学ぶ力を伸ばすものが教育だというなら、1300万人ほどの子どもたちを、4月一斉入学、3月一斉卒業、4月進級という同一のカリキュラムで教育する必要はない。

教育のＩＴ化が実現できる時代になったのだから、個人の能力に合わせた教育カリキュラムに抜本的に変更していくべきだ。

大量生産、大量消費時代において、集団で同じ行動をとることのできる人材を養成する必要のあった昭和時代と、個人の力が重視されるこれからの時代はまったく違うのだ。

このような意味で、僕はすべての子どもたちに、家庭の経済状況にかかわらず自分の能力を最大限に伸ばすことのできる環境が与えられなければならないと考えるし、子どもたちが家庭の経済状況によって進学をあきらめることがあってはならないと強く思う。

ところが日本の場合、教育に関して家庭の自己責任論が幅を利《き》かせている。

ＯＥＣＤ（経済協力開発機構）発表の『Education at a Glance（図表でみる教育）』（２０２０年版）によれば、初等教育から高等教育に対する公的支出総額の対ＧＤＰ（国内総生産）比率はＯＥＣＤ平均で10・８％。だが日本は７・８％と、先進国のなかでは最低レベルにある。

つまり、**各家庭が公的な教育支出の少なさを、家計費でカバーしているわけで、親の所得によって教育費は大きく異なってくる**ということだ。

そして、朝日新聞とベネッセ教育総合研究所が2018年に行った「学校教育に対する保護者の意識調査」では、教育格差について「当然だ」「やむをえない」と答えた人が62%、「問題だ」は34%。2008年は「問題だ」が53%だったことを見ると、教育格差を大勢の人が容認するようになっているように思える。

親の所得によって教育費に大きな差が出ると、子どもたちのあいだで、教育を受ける環境に不平等が生じる。親の所得が低い子どもは、自分の行きたい進路を選べなくなってしまう。

そしてこのような**不平等を社会が容認、というよりもあきらめてしまうというのは、極めて危機的な状態**ではないだろうか。

そこで僕は大阪府知事時代に、低・中所得世帯の私立高校や専修学校の授業料を無償化することに乗り出した。そして松井一郎前府知事、吉村洋文現府知事もそれを承継してくれている。大阪市長時代には塾に通う費用の補助制度も作った。

お金がないから、公立高校にしか行けないというのは不公平だろう。お金があろうがなかろうが行きたいところに行ける、公立でも私立でも自由に選べるようにする。そうなると、当然人気のない高校は入学希望者が減る。

だからこれも僕が大阪府知事のとき、３年間定員割れが続いた公立高校は統廃合の対象となるというルールも作った。これまで黙っていても生徒が集まっていた公立高校や、定員割れをしても存続していた公立高校が、自分たちで努力して生徒を集めなければならなくなった。学校関係者のなかには猛反対する者もいたが、改革を断行した。

お金のあるなしに関係なく子どもたちは学校を選べる。これまで私立に行けなかった子どもが私立に行けるようになった。

公立と私立のあいだだけでなく、公立と公立のあいだにおいても、どの高校も特色を打ち出そうと知恵を絞るようになってきた。

これが流動化ということだ。

吉村知事は、大阪府立大学と大阪市立大学が統合した新しい大阪の公立大学の学費も、低・中所得の大阪府民世帯については無償化にすると表明した。

いまの日本の教育システムがおかしいと思っている子どもたちは、自分の思っているやり方でやればいい。年齢を基準とするいまの画一的なカリキュラムに縛られる必要はない。しかし、いまの日本の教育システムであっても、それを学びたいという子どもがいるのであれば、**家庭の経済状況にかかわらずに、学ぶこと、選択ができることの「機会」を提供してあげることは社会としてマストだと思う。**

社会は人によって成り立っている。その社会を支える人の能力次第で、社会の豊かさが決まる。

ゆえに社会が、子どもが学び、その能力を伸ばす機会を子どもたちに平等に与えることは義務である。

国や自治体の教育への公費投入はまだまだ不十分だ。

僕は子どもが生まれてから大学を卒業するまで、そして社会人になってからの学び直しも含めて、経済状況の差によって格差が生まれてはならないと思っている。低・中所得世帯は無償にすべきだ。これが子どもを産むことを経済的理由でためらっている若い夫婦への後押しにもなると思っている。

さらに無償化は、学校側に無尽蔵《むじんぞう》に運営交付金を投入するのではなく、子どもや学生側に授業料バウチャー（クーポン）を与えることによって、経済状況を気にせずに自由に学校を選べるようにする。

そうすると子どもや学生が集まらない学校は統廃合の対象になるので、学校間における切磋琢磨が激しくなり、学校の質も高まる。まさに流動性を高めることの活性化だ。

「教育格差は仕方がない」と家庭の自己責任論に取り込まれて、あきらめてほしくはない。教育格差の是正《ぜせい》は政治の第一の使命だ。

ポイント

社会の豊かさを支えるのは教育。教育を守るのは社会全体の使命だ

学校の授業はオンラインで十分だ

堀江貴文

僕は義務教育撤廃論者で、いわゆる普通の学校は不要だと考えている。

少し前までそんな意見はただの暴論だと非難する人も多かったが、コロナ禍によって、親や教師の考え方もずいぶん変わってきたのではないだろうか。

２０２０年２月、**新型コロナウイルスの感染拡大で、全国の小中学校、高校の9割が休校となり、教師も生徒も慌《あわ》てふためいた。**

生徒のほうはいきなり長期の休みが降ってきて喜んだかもしれないが、教える側は何とかこれまでと同等の授業を続けようと、悪戦苦闘してスマホやタブレットを活用したオンライン授業の実現に取り組むところもあった。

コロナ禍を機に欧米ではオンライン授業への移行が急速に進み、タブレットや Wi-Fi ルーターといった機材のない家庭には、無償で通信機器を支給した国も多い。

デジタル化が遅れていた日本の学校はずいぶん手間取ってはいるものの、一部の先進的な学校を中心に少しずつオンライン授業への移行が進みつつある。それに伴い、従来の教育現場の常識も突き崩されている。

これまで学校は、広い敷地が必要だと信じて疑わなかった。リアルな同じ場所に、同じ時間に、みんなで集まることが教育の本質だと勘違いしていたのだ。

しかし何とかこれまでと同じ授業のクオリティを維持しようと、スマホやタブレットを用い、Zoomをはじめとしたオンライン会議ツールを導入する学校が増えてきた。

そうしてわかったのは、**授業はオンラインで十分**だということ。いや、この言い方は正確ではない。**オンラインのほうがずっと効果的な授業ができる**ということだ。

日本の学校におけるリアルな授業では、生徒たちが能動的に参加する場面はそれほど多くない。1つの教室に数十人もの生徒がいるから、1人の先生では全員に目が届かない。

1回の授業で生徒が発言する機会はわずかだ。どうやりくりしても全員に発言させるのは不可能である。自分が子どものころ、授業時間中はぼーっと外を眺めていたという人も多いのではないか。

オンライン授業であれば、これまでのさまざまな制約を払拭《ふっしょく》できる。オンライン会議ツールを使えば、生徒ひとりひとりの顔をリアルタイムに見ることだってできる。教師の質問にチャットで答えさせれば、全員の反応がわかる。**積極的に授業に参加しているのはどの生徒か、フォローが必要なのはどの生徒か、リアルの授業よりはっきり見えてくる。**

さらに言うなら、同期型コミュニケーションにこだわる必要もない。

この本の第2章、働き方の箇所で、同期型コミュニケーションと非同期型コミュニケーションの違い、そしてテレワークにおける非同期型コミュニケーションの重要性を説明した。このことは教育現場にも完全に当てはまる。

オンライン授業においても、すべてをリアルタイムに行う必要などないのである。

学校では、文部科学省の定めたカリキュラムに従って授業が行われる。教え方が上手な教師もいるが、教科書を棒読みするだけの教師もいる。それならば、教え方が上手い教師の授業を録画して使い回したほうがいい。実際、大学受験予備校では録画授業を昔から活用している。

授業で使う教材や教えるノウハウにしても、オンラインのドキュメント共有サービスなどを使って共有していくことはできないだろうか。学校や地域の枠を超えて、教師同士がもっと積極的に協力し合えるようになれば少ない労力で良いものができる。

課題などもすべてオンラインでリアルタイムに行う必要はない。生徒それぞれが自分のペースでこなせばいい。

現在の学校教師は、授業の準備や採点、部活動の顧問、その他諸々の雑用で疲れ切っているが、オンライン授業を中心にすれば、そうした負担も激減するだろう。

頭の良い生徒について言えば、そもそもオンライン授業すら必要ない。勝手に教科書や問題集を読んで自習できるし、ネットには無料の教材コンテンツがあふれているのだから。

オンライン授業は、リアル授業の代用品ではない。むしろ学校教育現場の不合理な実態を白日《はくじつ》の下《もと》にさらしたのだ。

オンライン授業によって、教師の負担は大幅に減る。ということは今後、教師の数が多すぎるのではないかという意見も出てくるだろう。

だが、余った教師をクビにする必要はない。自習ができない生徒をマンツーマンで丁寧《ていねい》にフォローする、ティーチングアシスタントにすればいいのだ。

国や自治体の教育予算も、ネット接続環境を充実させ、オンライン授業と自習、そしてティーチングアシスタントのフォローに重点をおくべきだ。

ポイント

オンライン授業は、
従来のリアル授業よりもあらゆる点で優れている

第7章

夢中に生きる

人生なんてハチャメチャでいい

橋下　徹

人生１００年時代、どう生きるかと聞かれて、はたと困った。

そうした質問をする人は、ライフステージごとにどんな選択をすれば快適に生きられるのかを知りたいのだと思う。

進学や就職をどうするか、結婚や育児はどうするか、どうやって老後資金を貯めれば、平均寿命１００歳とも言われる時代を豊かにすごせるか——。

世の中には、ある事柄についてどうすべきかを懇切《こんせつ》丁寧《ていねい》に説明した本や情報があふれている。

あいにく、僕はそうした質問に答えるのにあまり適した人間ではないかもしれない。人生を振り返ってみても、計画的に何かを進めてきたわけではないからだ。

東京で生まれたが物心がついたときには父親は不在。小学2年生のときに父が急逝して大阪に引っ越し。小学校、中学校は地元の公立校に通い、高校も公立だ。

ありがたいことに、高校は府立の進学校に進めたのだが、そこでは中学時代に、ややこしい先輩たちに絡《から》まれるくらいならそのなかに飛び込んだほうがまだましだろう、という不純な動機で始めたラグビーに力をそそぐことになった。

ラグビー中心の高校生活のおかげで、全国高校ラグビー大会、いわゆる「花園」に出場することができ、1月1日に名門伏見《ふしみ》工業と対戦することができた。

花園でたまたま3トライすることができたので、ラグビー高校日本代表候補に選出されたが、学業成績はまったく振るわない。センター試験直前までラグビーをやっていたせいもあり、大学受験の結果は全滅。1年間浪人して、ようやく早稲田大学の政治経済学部に入ることができた。

大学に進んだものの、講義がさっぱりおもしろくない。この本の冒頭でも述べたが、古典派経済学の現実離れしたモデルに興味を持てなかったのだ。

アルバイトも自分が家庭教師をやるだけではおもしろくもないし、自分の能力も伸びない。だから在学中にちょっとしたビジネスに手を出すようになったが、不渡り手形をつかまされるトラブルが発生。

この損を何とか取り戻そうと思い、独学で手形法や民事訴訟法を学び、不渡り手形をつかませられた業者相手に訴訟まで起こした。


ただこの経験は、無駄《むだ》ではなかった。元々、自由でいたかったからルールや法律といったものには興味があった。世の中のルールや法律を知れば知るほど、自分の自由の領域をはっきり認識できて自由が拡がる。

それに加えて、この手形トラブルでは、ルールや法律を知っていなければ、相手にいいようにやられてしまい、自分の自由が狭まることも経験した。

やはり**自分が自由でいるためには、ルールや法律を知っておかなければならない**。このような思いが確たるものとなり、法律というものを扱う弁護士は、自分に向いた仕事かもしれないと思うようになった。

当時からいまの妻と暮らしていた。所帯を持つためにも、早くプロの弁護士にならなければならない。司法試験に合格するために、寝ても覚めても勉強。トイレに行く際にも法律の本を手にしていたほどだった。

就職活動もせず、司法試験の勉強に明け暮れていたが、そんな僕をアルバイトで支えてくれたのが妻だった。この恩があるから、彼女にはいまでもまったく頭が上がらない。

幸い2回目の司法試験には合格し、2年間の司法修習のあと、小さな一人弁護士の法律事務所でいわゆる「イソ弁」、アソシエイト弁護士として働くようになった。

僕は一刻も早く独立して自分の事務所を構えたいと思っていたから、とにかくよく働いた。さまざまな場所に顔を出して自分の名前を知ってもらい、事務所の仕事以外の個人としての仕事の依頼も増えた。そうして独立のための足がかりを築いた。

イソ弁でいるよりも、独立したほうがより自分の能力を伸ばすことができる、より自分らしく働くことができる、と判断した僕は、弁護士になって2年目、28歳のときに「橋下綜合法律事務所」を開いた。2年目で独立というのは、当時はかなり早いほうだったと思う。仕事も順調に増え、事務所スタッフも増え、3年目には、早くもイソ弁を雇おうとした。

大手の法律事務所にいたほうが給料も安定していて楽なのかもしれないが、それではつまらない。自分のやりたいように、自分の力を頼りに、思い切り仕事をやりたかったのだ。弁護士としてガリガリ働く毎日。転機が訪れたのは、1999年ごろだった。高校のラグビー部の先輩から電話がかかってきたのである。

ラジオ番組のディレクターになっていた先輩が担当する番組で、出演予定の弁護士が出られなくなってしまったため、代わりに出演してくれという。

当然、それまでラジオ番組なんか出演したことなどない。弁護士業務でさまざまな交渉には当たってきたが、ラジオの生放送で気の利いたことを言えるものだろうか。完全なる自信があったわけではまったくないが、でも新しいことにチャレンジするのは嫌いではない。僕は出演を引き受けた。

ラジオ番組のテーマは「神戸連続児童殺傷事件」。当時ほとんどの弁護士の論調は「未成年ならば加害者を守れ」というものだったが、僕は凶悪犯罪の場合は加害者が未成年者であっても厳罰に処すべきというのが持論だった。

ラジオで語るからには、思いつきで適当なことを言うわけにはいかない。しっかりと完《かん》璧《ぺき》なまでに準備をして本番に臨《のぞ》んだ。


一般的な弁護士とは異なる意見を真っ向から表明したことが評価されたのかもしれない。その後、さまざまなテレビから出演依頼が舞い込むようになる。革ジャンにＧパンの弁護士という風体《ふうてい》も僕独自のスタイルとなり、全国ネットの番組にもレギュラー出演することになった。

コメンテーターとして出演する際にも、いいかげんなことは言わないよう、しかし自分の持論を意識して勉強は欠かさなかった。世間の風潮に合わせたり、「しっかりと議論をしなければなりませんね」「よく考えなければなりませんね」などという、ゆるいコメントだけは絶対にしないように心がけた。

特に、地元大阪のふがいない政治行政に関する報道には憤《いきどお》りを感じていて、番組内で自分なりの改革案を展開したりもしたのだが、しょせんはコメンテーターの言うことだ。僕がいくら真剣に語ったところで、府政や市政が変わることはなかった。

テレビでコメントしていても何も変わらないという、そういうあきらめとむなしさの気持ちが募《つの》っていった。

そのときにもうひとつの大きな転機がやってきた。作家の故・堺屋太一さんとの出会いである。

堺屋さんは、僕の弁護士活動や、テレビで語っている府政や市政の改革案を評価してくださり、府知事選への出馬をすすめてくださったのだ。

そのとき僕は38歳。茶髪で革ジャン、Gパンのいで立ちを売りにした若造《わかぞう》にすぎなかったにもかかわらず、だ。

大作家から評価された嬉しさはもちろんあったが、それ以上に堺屋さんの熱気に揺さぶられた。堺屋さんは大阪をよくしたいという熱意にあふれていた。あれほど本気な人には会ったことがなかった。

政治家をやった経験なんてないのだから、知事になってうまく府政を切り盛りできるかどうかはわからない。収入も弁護士やタレント業に比べて大きく減ってしまうだろう。

でも、これまで自分が口で言っていたことを、実現することにチャレンジすることはおもしろい。弁護士の仕事と違い、大阪の未来を変えることに関与することができるかもしれない。

「政治は将来世代のためにやるべきだ」

テレビでずっと言い続けてきたが、俺は口だけの男か、それとも実行する男か。

一度、大阪のために俺の持てる力をすべてぶつけてみよう。チャレンジしてみよう。まだ38歳。失敗してもいくらでもやり直せる。そう決意した。

僕はそれまでの人生で、迷ったときには、いままでやったことのないほう、大胆なほう、チャレンジするほうを選ぶようにしてきた。その身上《しんじょう》のおかげで、痛い失敗もたくさん味わった一方、おもしろいことにもたくさん出合えた。

ラジオ番組の出演依頼が来るとか、堺屋太一さんに政治家になるようにすすめられるなんてことは、まったくの偶然だ。同じような偶然がいきなり誰にでも起こるとは思わない。

だが、僕のこのような人生を左右するような偶然も、小さな偶然の積み重ねの結果にすぎないと思う。

そして**小さな偶然は誰にでも起こりうる**。

やったことのない仕事が舞い込んできた。行ったことのない場所に行くことになった。思いがけない人と出会った。

そんな偶然が訪れたときには、**大胆なほう、おもしろいほう、チャレンジなほうを選んでみてほしい**。その結果、あなたの人生は、予定調和のレールから外れてしまうかもしれない。苦労するはめになるかもしれない。

しかしその**小さな偶然が積み重なって、人生を左右する大きな偶然に出くわすことになると思う**。

これから何十年もある人生、どう緻密に計画を立てたところで完璧に予定どおりに進むなんてことはないはずだ。

僕も大学以後の30年間を振り返ってみて、われながらハチャメチャだなと呆《あき》れてしまう。未経験のことにチャレンジする不安はわかるが、いまの日本ならそんなに心配する必要はない。仕事がなくなっても失業給付もあるし、さまざまな公的支援の仕組みもある。生活保護の制度だってある。どうやっても、死ぬようなことはないのだ。

人生は、ハチャメチャなほうが自分の力を伸ばしてくれる！

ポイント

迷ったら、大胆なほう、
おもしろそうなほう、チャレンジなほうに舵を切れ

未来予測に意味はない

堀江貴文

みんな未来のことを知りたがる。なぜ知りたがるのかと言えば、不安だからだ。何も見えない真っ暗闇のなかを走っていて、木の根に足を引っかけて転んだり、穴に落ちて骨折することを恐れている。

だが、**先のことを恐れて不安な人ほど、どうでもいい情報にすぐ騙《だま》される。仮想通貨が上がると聞けば慌《あわ》てて買い、大金をスったりする。**

未来が不安でしょうがない人は、たんに情報が不足しているのである。

先にも述べたように、誰も知らないとっておきの情報など、この世にはない。情報をひたすら浴びて、自分の脳内ネットワークを日々更新し続ける。そうすることによって、世の中に存在するバラバラの事柄の関係性が見えてくる。

例えば、売れているガジェットの傾向や、人気サービスの特徴、テクノロジーのトレンド、SNS上での盛り上がりなど、雑多な情報を浴び続けているだけで、近いうちに登場しそうなプロダクトもだいたいわかってくる。

世界がこれからどうなっていくかについても、人口の推移や研究開発への投資といったデータを日常的に浴びて、大ざっぱに過去と現状を把握しておくだけで、何が起こりそうかというのは見えてくる。

こんなことは、未来予測でも何でもない。

自分の身近なトラブルにしても、普段から情報を浴びていればいくらでも回避できる。

例えば、旅先で部屋が取れていないというトラブルに見舞われた場合、昔なら立ち往生しただろう。けれど、いまならスマホで近くに宿がないか探せばいい。

きちんとしたホテルや旅館が見つからなくても、Airbnb（エアビーアンドビー）のような民宿の検索と予約がその場でできるマッチングサービスの存在を知っていれば何とかなるし、SNSで助けを求めることだってできる。情報があれば、いくらでもリカバリーはできるのだ。

お金に関しても同じことが言える。国やあちこちの自治体が用意している支援制度やNPOなど、世の中にはいざというとき助けになる仕組みがたくさんある。

情報をいちいちすべて記憶していなくても、脳内ネットワークがきちんと耕されていれば「こんなときはこうすれば大丈夫」という解決策が自然と見えてくるものだ。

情報はあなたの選択肢を増やしてくれる。

逆に、いくら情報を集めても絶対にわかりっこないこともある。

仮想通貨の価格や為替《かわせ》レートがどうなるかなど、その最たるものだろう。世界の経済規模は長期的に見ればほぼ確実に拡大していくだろうが、個別の株や仮想通貨、為替レートがどうなるかは、専門家も含めて誰にもわからない。

専門家はもっともらしく予測を述べるが、当てにはならない。経済アナリストの勝率など、せいぜい4~6割といったところ。つまり、コインを投げて占うのと大差ない。

だいたい、僕たちはもうコロナ禍を経験したではないか。2019年の段階で、2020年に世界がどうなっているかを予測できた人はいない。スペイン風邪クラスのパンデミックは100年に1度と言われたりもしていたが、実際に起きてしまった。

富士山が噴火する、南海トラフで地震が起きるといった予測は何十年ものあいだずっとなされてきたが、そんな予測をはるかに超えた規模の災害が現実には起きている。2011年の東日本大震災による福島第一原発事故しかり、新型コロナウイルスしかりだ。


予測するうえでの変数が多すぎる方程式には、解が山のように出てくる。確率的に高い

解を導くことはできても、実際にそうなるかどうかは神のみぞ知る。

２００８年のリーマンショックにしても、起こる前には１００年に1度、１０００年に1度と言われていたではないか。

結局のところ、**僕らにできるのは何が起こっても大丈夫なマインドを作っておくことだ。**情報をたっぷり浴びて、さまざまな選択肢がすぐに思いつける脳内ネットワークを築く。わからないことはわからないと腹をくくる。**考えるためのベースとなる情報がない事柄については、考えない、気にしない。**

つまらない未来予測をしている暇《ひま》があったら、情報をたくさん浴びて、何があっても大丈夫なマインドを形成しておくのが最も賢明だろう。

ポイント

わからないことはわからない。
考えない、気にしない

大胆だから動けるのではない。動くから大胆になれるのだ

橋下　徹

2008年1月、府知事選に当選した僕は、翌2月に大阪府知事に就任した。

正直言えば、楽に府知事の仕事をこなすことだってできただろう。役所内では職員たちに「よきにはからえ」と仕事を任せ、府議会では重鎮議員の機嫌を取り、票になる利害関係団体の要望をすべて聞いて、何かやっている雰囲気を出しておけば順風満帆《じゅんぷうまんぱん》な知事ライフだ。そうやって上手に政治の世界を渡り、何期か知事を務めて、ごっそり退職金をもらう生き方もあったかもしれない。しかしそんなやり方で周囲から知事と呼ばれるだけの人生を送ることが自分のためになるのか、大阪のためになるのか。

やはり府知事になり、それだけのチャンスを与えてもらったからには、本気で大阪を変えたい。

大阪の低迷は、大阪府と大阪市による二重行政が元凶になっている。ならば府と市を再編しよう。広域行政は府で一元化。市は4つの特別区に分割する。そうして府民の暮らしの安定と活性を図ろう。これが「大阪都構想」だ。僕はそう考えた。

コメンテーターや学者として、もっともらしい構想を語るのはたやすいし、僕自身も好き勝手なことを言ってきた。だが、改革を本気で進めようとすれば、たちまち反対派から凄《すさ》まじい反発、抵抗に遭《あ》う。改革は生易《なまやさ》しくない。本でのお勉強や口だけではなく、行動で人を動かし、物事を変えていかなければならないのだ。

大阪都構想を実現するには、学者が言うような理屈を述べるだけでは何も進まない。府議会や市議会で過半数の議席を獲り、府知事、市長のポストも押さえる必要がある。

そのためには、既存の政党とは異なる新しい政党を作り、選挙によって既存の政党に競り勝たなければならない。

そこで僕は２０１０年に地域政党「大阪維新の会」を結党した。下地となる組織などなく、一から政党を立ち上げるという無謀。自民党から離れた松井一郎さんが幹事長に就いてくれたのは心強かった。

１つの目標に向かってガムシャラに動くうちに、同じ熱意を持った人たちが集まってきてくれて、さらに熱くなる。その熱に惹《ひ》かれて、さらに多くの人が集まってきてくれる。いつの間にか都構想は、大阪を変えようという大きなムーブメントになっていった。

２０１１年４月の統一地方選挙において、大阪維新の会は大勝。府議会も市議会も、維新の会の新人議員が多くの議席を占めた。そして決戦である同年11月の大阪府知事・大阪市長のダブル選挙でも勝利し、松井さんが知事に、僕が市長に就任した。

僕と松井さんは大阪の大改革を断行しながら、大阪府庁と大阪市役所を一から作り直す大阪都構想に突き進んだ。

ところが都構想を実現するには法律改正も必要だ。そこで今度は国政政党「日本維新の会」を立ち上げて、国政に進出することを決めた。大阪都構想を実現するための法律を作る挑戦に乗り出した。

さまざまな政治的な駆け引きを行い、他党と離合集散《りごうしゅうさん》を繰り返した。そのような政治活動のなかで、新しい出会いがいくつもあった。

当時の首相・安倍晋三さんや現首相の菅義偉さん、それに石原慎太郎さんとの出会いなどもそうだ。そのほか本当にいろいろな人と交わり、いま僕が話のネタとしているさまざまな経験をすることができた。

そうやって政治の世界で動き回ることで、2015年5月には、大阪都構想の賛否を問う住民投票にまでなんとかこぎ着けた。残念ながら、この住民投票では反対70万5585票、賛成69万4844票と、1万741票差、0・8%の僅差《きんさ》で破れてしまい、僕は政治家を引退することになってしまったが。

大阪をとにかく変えたいという思い、熱意だけで住民投票までこぎ着けたわけだが、実現に必要な熱量は、僕ひとりが持っていたのではない。**動くうちに、人との出会いが生まれ、そこに熱が生まれる。その熱がさらに人を動かして、より大きな熱を生み出す。**

ここでも「流動性」が熱を生み、物事を大きく動かしていく原動力となった。

これは「やる気」と似ているかもしれない。脳科学者の池谷裕二さんによれば、やる気などというものは最初から存在しないそうだ。

「楽しいから笑う」のではなく「笑うから楽しい」、「やる気が出たからやる」のではなく「やるからやる気が出る」のだという。[*12]

いくらやる気を出そうとしても、やる気は出てこない。自分が動くことで気分が変化し、それを脳が「やる気」と感じるわけだ。

人生における「熱」もそういうことではないか。

自己啓発書やネットには「これを読んで、あれを勉強して、こうしましょう」という計画や指南がたくさん書いてある。**いろんな情報を吸収し、頭で考えるのはとても重要だけれど、それはただのシミュレーションであり、それだけでは現実は動かない。**

学者やインテリのなかには、頭のなかだけでシミュレーションしてああだこうだと言う人が多いけれど、そういう人たちの話には熱がなく、心に響かない。授業か説明に聞こえてしまう。

リスクを取った行動もせずに、たんに頭で考え、口だけで述べる案など、現実を変える力にはなりえない。

口先で語るだけでなく、とにかく自分個人の力を信じて動いてみる。**チャンスがあったら、大胆に乗ってみる。無理だと思ったことをあえてやってみる。失敗しても、繰り返しやってみる。**

そういうハチャメチャを繰り返して流動性が高まれば、あなたから熱が出る。その熱が周りを巻き込んでさらにハチャメチャになって、もっと熱くなっていくのだ。

流動性の海を泳いでいるうちに、あなた自身の価値も高まっていく。僕の場合まず弁護士になったが、世の中に弁護士はいくらでもいる。弁護士であること自体にさほど価値はない。タレントの真似事《まねごと》もやったが、僕よりタレント価値のあるタレントはいくらでもいる。政治家もそうだ。僕よりも政治力を持っている政治家はいくらでもいる。

けれども、弁護士でありながら、タレント業もやって、政治家経験もあるとなれば、かなり個性の強い人材ということになる。

僕がこのような個性、個人の力を持つことができるようになったのは、1つの仕事にとどまらず、いろいろなことにチャレンジしたからだ。自分の人生の流動性を高めたからだ。ほんの少し人より秀《ひい》でている自分の能力を最大限に活かすためにも、いろいろなことにチャレンジし、経験し、少し秀でた能力を複数持つようにする。

そうすると、それらの能力が掛け算となって、気づいたときには、自分の個性が光り、周囲の者よりも秀でた力を持つことになっている。

そして、これまで交流することもなかった多くの人たちが、あなたを頼ってくるようになるだろう。

ポイント

「やる気」「熱意」は行動して初めて湧いてくる

人生はゲームだ

堀江貴文

人がハマることは、人によって千差万別《せんさばんべつ》。僕の場合はどうやら「知的好奇心を満たす」ことがハマるポイントらしい。

いろいろなことを知りたいから、ネットや本、人から常に情報を得ているが、それだけでは僕の知的好奇心は満たされない。

たくさん情報を集めれば、「こういう問題は、こういうふうにすれば解決できそうだ」とわかってくる。ただわかっただけでは満足できず、社会実装して初めて、「できた、できた！」と嬉しくなる。

僕がいままでやってきたことはこの繰り返しだ。

２００４年、僕はプロ野球ビジネスに参入しようとした。

最初は大阪近鉄バファローズを買収しようとし、それができなかったので次は東北に新球団を設立しようとした。

世間では参入理由についていろいろな憶測《おくそく》が飛び交ったが、社会実装によって自分の仮説を検証したいと思ったことが一番大きい。

あの当時、プロ野球ビジネスは頭打ちだと業界関係者は考えていた。

巨人戦をはじめ、人気球団の試合を地上波のテレビで放映し、球団はテレビ局から放映権収入を得る。テレビ放映権収入があるから、プロ野球というビジネスが何とか成り立っている、誰もがそう思い込んでいた。

ファンの数からもセ・リーグ、パ・リーグ合わせてプロ球団は12が上限、これをまるで教義のように信じていた。

ところが、プロ野球にはもっと大きな可能性があると僕は見ていた。12球団といわず16球団くらいに増やしても利益は出せる、それどころかいまよりずっと大きなビジネスになるのではないか。

その根拠は、モバイルだ。当時はまだスマホはなかったが、携帯電話を対象にした動画配信は登場しはじめていた。

将来的に通信速度が速くなれば、誰もが携帯電話を使って、動画配信を見るようになるだろう。

さらに、ＳＮＳ上のコミュニティでコミュニケーションを取る習慣も少しずつ根づいてきていた。ネット上のコミュニティを介して、友達同士誘い合って球場に行くのがエンターテインメントになるのではないか。

モバイルの時代には、球団はこれまで以上にファンを増やせるし、携帯電話への動画配信など、収益源の多様化も見込める。

地上波テレビでは巨人が圧倒的人気だが、モバイルとなればその他の球団、それこそパ・リーグであっても（当時はセ・リーグのほうが人気だった）収入を大きく伸ばせる。

それが僕の仮説だった。

いま球団の経営状況もよくなっている。２００４年時点で、広島カープの売上げは60億円程度だった。放映権収入が30億円で、残りは入場料とグッズの売上げだ。

これが2019年になると、広島カープの売上げは170億円まで跳ね上がるが、そのなかで放映権収入は15億円にすぎない。年間シートやグッズなど、地上波テレビの放映権収入以外が伸びている。

つまり、**2004年時点では、プロ野球ビジネスは衰退産業だと思われていたが、それはビジネスモデルの問題にすぎなかったのだ。**ビジネスモデルを変えれば、成長産業であることが明らかになった。

仮説を実証するため僕は球団買収に手を挙げたものの、残念ながら買収はかなわなかった。それでも、東北には東北楽天ゴールデンイーグルスが誕生したし、パ・リーグ人気も高まった。

自分が動いたことで結果的に仮説実証につながったのだから、知的好奇心はかなり満たせた。

ほかにもまだまだ実証したい仮説はたくさんある。

本書でここまで述べてきたように、テクノロジーの進歩で将来的にホワイトカラーの数は10分の1に減る、そう僕は考えている。

働くことが生きがいでなくなった社会で、生きがいを持って生きていくにはどうすればいいか。それを実証するために、オンラインサロンを作り、自分自身の生き方も変化させてきた。

このゲームに飽きることとは、当分なさそうだ。

ポイント

自分の立てた仮説が実証される。これに勝る快感があるだろうか

テクノロジーの加速は圧倒的。私たちの生活は別物になる

堀江貴文

ロボットやドローン（小型無人航空機）で自動化が進めば、人間の仕事など必要なくなっていく。

僕がこう主張すると、「そんな技術はすぐには実用化しない」「仕事にはまだまだ人間が必要」という反論がすぐに寄せられる。

そう考えている人は、テクノロジーの進歩を甘く見ている。**テクノロジーは、比例的に進歩していくのではなく、指数関数的に、いやもっと複雑かつ急速に進歩していくものなのだ。**

2007年にスマホが登場して以降だけを見ても、僕たちが体験している変化はすさまじい。

単純にスマホの情報処理能力だけを比べても、2007年に登場した初代iPhoneと最新モデルでは、数百倍、一千倍もの開きがある。さらにスマホ上では、時価総額数兆円という規模の企業がいくつも誕生している。

僕が言いたいのは、たんにスマホが高性能化したとか、アプリビジネスが盛り上がっているとかということではない。

スマホ、ＳＮＳによって、誰かが見つけた知見はあっという間に世界中で共有され、他の知見と融合していくということだ。

代表的なＡＩ技術であるディープラーニングにしても、源流となるニューラルネットワークの研究が始まったのは20世紀なかごろにまでさかのぼる。

ディープラーニングは、人間の脳神経を模した多層構造のニューラルネットワークにデータを入力すると、ネットワークがデータの特徴を自動的に学習するというものだが、２０１０年代に入るまでは一般の人々の注目を集めるような技術ではなかった。

ところが２０１２年、従来手法よりも画像認識精度が劇的に向上したことや、（人が「これはネコ」と教えることなく）自発的にネコの画像を認識できるようになったことで、がぜん注目を集めるようになる。

世界中の研究者や企業がこの分野に参入し、莫大な投資が行われるようになった。ネット上の膨大なデータを学習することができるようになったこともあり、ディープラーニングは飛躍的に進歩した。

いまでは、人間にも見分けられないほど精巧なディープフェイク動画（実際の画像や動画や音声を加工・合成して作られる、本物そっくりの架空動画）が作られたり、ＡＩが自動で生成した偽《にせ》の自己啓発記事がニュースサイトでランキング1位になるという事件まで起こっている。

自動翻訳や音声認識も十分実用的になっている。将棋や囲碁では、もはや人間はＡＩに勝てない。

これが、画像認識の精度が画期的によくなったと盛り上がったときからわずか数年のあいだに起こったことだ。

20世紀には自動運転車などＳＦだと思われていたが、ディープラーニングなどの進歩もあって実用化が目前に迫っており、高速道路であれば、ほとんど人間の手を借りることなしに自動運転ができるレベルに達している。

最初はただのラジコンヘリだったドローンは、無人で宅配できるほどスマートになり、人を乗せる空飛ぶタクシーもサービス開始まで秒読み段階となっている。


バイオテクノロジーも、精密に遺伝子を編集できる「CRISPR-Cas9」という技術が２０１２年に発表されてからの進展がすさまじい。遺伝子組換え作物や家畜の開発がスピードアップし、人間の遺伝子治療も進んだ。

コロナ禍ではワクチン開発に期待が高まったが、その１つ、mRNAワクチンは少し前なら実現は不可能ではないかと疑われていた技術だ。mRNAワクチンを使えば、原理的には、塩基配列を指定するだけでどんなタンパク質も（人間を含む）生物の細胞に作らせることができてしまう。

世界最強の囲碁ＡＩを作った人工知能企業ディープマインドは、タンパク質構造を予測するＡＩ「AlphaFold」を発表しており、これによって創薬のスピードも加速するだろう。

ごく一般向けのニュースアプリで紹介されるテクノロジーですら、これほどのスピードで研究開発が進んでいるのだ。

機械によって人間の仕事が置き換えられるようになるのはまだまだ先のことだ、などと言っている人は、圧倒的に情報量が不足している。

先端研究に携わっている研究機関や研究者の情報を少し追ってみるだけで、テクノロジーがどれほどの勢いで進んでいるかを実感できるはずだ。

『2030年 すべてが「加速」する世界に備えよ』(ピーター・ディアマンディス、スティーブン・コトラー著、土方奈美訳/NewsPicksパブリッシング)では、テクノロジー研究の最前線が紹介されている。

例えば買い物なら、欲しい服をAIにリクエストするだけで、自分の好みに合った服がVR(仮想現実)空間に表示される。購入した服は、3Dプリンターで製作され、ドローンが自宅まで配送してくれる。

食事の好みをAIに告げれば、ドローンが食材を運んできて、3D料理プリンターとロボットが完全自動で調理してくれる。

一昔前のＳＦのようだが、同書では２０３０年までにこうしたことは技術的には十分可能だと主張しており、僕もそれに同意する。というより、この本に書かれていること以上のことが起こるのは間違いない。

あらゆる分野で、テクノロジーが融合し、これまでにないサービスや製品が生まれ、社会のあり方も変容する。

どんなことが起こるのか正確には僕も予測できないが、それを恐れる必要もない。次々と登場する新しいテクノロジーを貪欲《どんよく》に取り込んで、楽しめばいい。

これまで面倒だと思っていたことも、テクノロジーが可能にしてくれる。音声を文字起こしするといった仕事はやがてなくなるだろうが、その代わりに新しい仕事や遊びのチャンスがいくらでも生まれてくる。

ドローンとＶＲを組み合わせたバーチャル旅行に出かけたり、ＡＲ（拡張現実）で街中を鬼ごっこのフィールドにするのも楽しそうだ。

未来を予測しようとしてああだこうだと悩むのはもはや意味がない。**自分がやりたいと望みさえすれば何でも可能になる時代が目前に来ている。**

ポイント

テクノロジーはいま空前絶後のスピードで進化している

SNSの炎上は「かわいそうな人たち」の仕業

橋下　徹

行動している人を嘲《あざけ》って足を引っ張ろうとする、頭のなかだけで考える口先人間はどこにでもいるものだ。

昔ならそんな人間とはつき合わないようにすれば何も問題はなかったが、ＳＮＳの時代には単純にやり過ごすことが難しくなった。

リアリティ番組に出た女子プロレスラーが自殺するという痛ましい事件があったが、これも原因はSNSでの誹謗中傷《ひぼうちゅうしょう》と言われている。

タレントや有名人に限らず、一般の人でもちょっとしたことがきっかけで炎上が起こり、それで精神的に追い込まれてしまうケースがあとを絶たない。

SNSで炎上している人に対して、「そんな声には耐えろ」とアドバイスする人がいたりするが、それは無責任な発言だ。

僕や堀江さんは大規模な炎上でも耐えることができるけれど、そんなことができるのは日本でもせいぜい数十人くらいではないだろうか。

僕は、SNS上で根も葉もない誹謗中傷を受けたら、100倍くらいにして言い返す。もちろん一般の人にはやり返さないという自分ルールを持っている。メディアを通じてこちらを攻撃してきた者に対してのみやり返す。怒りにわれを忘れているようなことはなくて、冷静に悪態・暴言を吐いているのだ（笑）。

なぜ僕が冷静でいられるかと言えば、誹謗中傷してくる人を哀《あわ》れんでいるからだろう。

『SNS暴力　なぜ人は匿名の刃をふるうのか』（毎日新聞取材班著／毎日新聞出版）によれば、炎上書き込みをする人はネット利用者のわずか1％ということだ。

こうした人々は経済的に困窮《こんきゅう》して他人を妬《ねた》んでいるのかと思いきや、高年収で役職につく男性が多いらしい。

そういえば、政治家だった僕に対して人格攻撃もどきの批判をしてくるのも、高年収かどうかは別として、学者ばかりだった。

こうした調査結果を聞けば、やはり哀れでならない。

自分の人生に納得感が得られていなかったり、自分より力を発揮している他人を認めることができなかったりするから、他人の誹謗中傷にやりがいを見出すのではないか。自分のやりたいこと、やるべきことに真剣に取り組んでいるのであれば、他人にかまっている余裕などないはずだ。

このように思えるおかげで、僕は相当に酷《ひど》いことを言われても、自殺しようなどとは毛ほども思ったりしたことはない。

自分の人生を生きていない「かわいそうな人たち」のために、あなたの人生を消耗させる必要などまったくない。

誹謗中傷されてそれをじっと耐え抜く必要はない。僕のように１００倍言い返すなど余計なことはしないで、**中傷してくる者をさっさとブロック**しよう。それでも炎上が続くのなら、**自分のアカウントを削除して、ＳＮＳとは距離を取る**のがいちばんだ。

ＳＮＳの炎上で命を落とすのは、本当に悲しい。

ＳＮＳから距離を取ったのに、自分とは無関係のところで誹謗中傷が続くようであれば、法的措置を執ることもひとつの方法だ。

ただし匿名投稿者の氏名・住所を特定することは、現行法制度上、非常に困難となっている。

僕は表現の自由として匿名投稿は認めるべきだとしても、いざというときにはその氏名・住所を特定できる法的な仕組みを整え、誹謗中傷の表現について刑事告訴や名誉棄損などの法的措置で決着する仕組みにしていくべきだと思う。

そして実際に人の名誉を棄損した者には、巨額の賠償責任を負わせるべきだ。

ただし事前に表現内容を規制することは、表現の自由に照らしてまずい。だからこそ、事後的に捜査機関や裁判所を通じて制裁を加えるべきだ。

これからのSNS時代、ますます匿名の誹謗中傷表現が、個人を悩ますことになるだろう。表現の自由とのバランスを考えた、誹謗中傷表現を抑制する法制度を作ることが政治家の役割だ。

ちなみに、先述した女子プロレスラーへの誹謗中傷に関しては、中心人物が特定され、書類送検されている。

ポイント

誹謗中傷はためらわず即ブロック。
法的措置も断行しよう

個人だけじゃない。メディアも熱く生きろ

橋下　徹

大阪府知事、大阪市長として府政改革、市政改革にまい進していたころ、とにかく僕はマスメディアに叩かれた。マスメディアが政治家を監視することは絶対に必要だと僕は考えていたし、批判される覚悟もあったつもりだが、その批判のあり方は、政治の良《よ》し悪《あ》しを左右すると思う。

マスメディアが政治を適切に批判することは政治を良くするが、批判一辺倒《いっぺんとう》、批判のための批判というのは、政治を悪くする。

民主国家においては、政治とマスメディアは車の両輪だ。

マスメディアは政治が良くなるように、批判一辺倒ではなく建設的な提案型の意見をどんどんぶつけるべきだ。

政治を罵《ののし》っている一部の学者やインテリの声を国民全体の声だと決めつけずに、本当の国民大多数の声を虚心坦懐《きょしんたんかい》に探っていくべきだ。

マスメディアは、インテリが饒舌《じょうぜつ》に話すかっこよく格調高い論に引きずられすぎていると思う。

なぜマスメディアがこのような批判一辺倒な意見に終始し、一部の学者やインテリの声ばかりを取り上げるのかといえば、マスメディア自身に流動性が欠けているからだと思う。

テレビ番組は、他局の番組を批判しない。番組出演者は、他局の番組出演者を批判しない。自分たちの番組内だけで意見をまとめてしまう。番組や番組出演者は厳しい批判にさらされない。

新聞は、自分たちの考えと合うような、いつも同じ顔ぶれの学者の意見ばかりを掲載する。他社批判も極力やらない。

もちろん、最近はSNSを通じて、個人がマスメディアを激しく批判することも多くなっており、これがマスメディアに一定の影響力を持つようになってきている。非常に良いことだ。

僕は番組間、出演者間、新聞各社間で、もっと批判し合い、切磋琢磨《せっさたくま》をすべきだと思っている。

場合によっては番組間で出演者を入れ替えたり、新聞各社間で、その意見を掲載する学者を入れ替えたりしてもいいと思う。まさに「流動性」だ。

いまのマスメディアには流動性が乏しいので、各番組や各新聞社の意見が固定化しつつある。そして手っ取り早い政治批判に流れていく。

僕は、自分の挑戦として、他番組、他番組出演者批判をするように心がけているが、テレビの現場ではウケが悪そうだ（笑）。

また番組に登場して政治に関して意見するコメンテーターにしても、政治を経験したことがない人がほとんどだ。

もちろん政治を経験した者だけが、政治を批判する資格を有するわけではない。政治を経験したことのない国民も、政治をガンガン批判することは当然のことだ。

しかしマスメディアということになれば、やはり政治を批判するコメンテーターや学者には、政治を経験した人をもう少し増やすべきだと思う。

政治を批判するコメンテーターや学者も、一度は政治行政の現場を経験してみる。まさに出演者側の流動性だ。

政治行政に携わった経験からすると、多様なメディアがきちんと政治行政を監視して、適切に批判・提言することは絶対に必要だ。

政治家にとって批判されるのは愉快《ゆかい》なことではないが、それなしでは政治行政は間違いなく歪《ゆが》んでくる。

いまの日本の政治は、多くの課題を抱えている。政治が旗を振って制度を積極的に変えていかなければならないことや、既得権益の反対を押し切って市場原理を導入しなければならないことがたくさんある。

そうした状況をわかりやすく伝え、批判一辺倒ではない建設的な意見を政治にぶつけることこそマスメディアの重要な役割であり、そのようなマスメディアの力が不足しているために政治の停滞も起こっているのではないか。

マスメディアにも、流動性が大いに必要とされている。

ポイント

民主国家の政治を良くするキーポイントは、マスメディアの流動性

すでに私たちは楽園に住んでいる

堀江貴文

現在や将来のお金のことに悩む人が、あとを絶たない。

その悩みに応える手法として、例えばＦＩＲＥというムーブメントがある。

これは「Financial Independence（経済的自立）, Retire Early（早期退職）」の頭文字を取ったもので、若いうちに生活費の25年分を貯蓄して早期リタイア、あとは年４％以上

の資産運用を行えば、資産を減らさずに不労所得だけで食べていけるという考え方だ。

また、コロナ禍で世界的に生活に困窮する人が増えたこともあり、ベーシックインカムにも急速に注目が集まっている。

全世帯に一律に給付を行うユニバーサルベーシックインカムとは異なるが、2020年にはスペインで収入や扶養家族に基づいて給付を行うベーシックインカムが開始された。また、ドイツなど世界各地でベーシックインカムの社会実験が始まっている。

僕自身も、ベーシックインカムには賛成だ。最低限の生活保障があれば、誰もが好きなことをやりやすくなる。世界中でさっさとベーシックインカムを推進すればいい。

しかし、だ。FIREで不労所得を得られるようになったら好きなことをやろうとか、早くベーシックインカムが始まらないかな、などと考えるのは馬鹿げている。

不労所得で将来ぼんやり過ごすために、好きでもない仕事を何年もする？ ベーシックインカムがもらえるまで、やりたいことを我慢《がまん》する？

そんなことを考えている暇があったら、やりたいことをいますぐやればいいのだ。

いまの日本ならば、ベーシックインカムやFIREを待たなくても、それが可能だ。この本の第3章でも説明したように、**日本は金余りの状況にある。だから資金調達などたやすい。**クラウドファンディングをはじめとした資金調達の多様化も進んでいる。生活コストに関しても、問題ない。**ネット上で割のいい仕事を見つけて稼《かせ》ぐことだってできるし、生活コストを抑えて地方で暮らすこともできる。**

いろいろやってうまくいかないのであれば、**生活保護を受けて十分に楽しく暮らしていける。**

未来のテクノロジーだとか、ベーシックインカムだとか、そんなものがなくても、すでに僕たちは楽園に住んでいるのだ。

僕は毎日好きなことだけやって暮らしている。新しいテクノロジーが出てきたらすぐに遊んで試し、行ったことがないところに出かけ、うまいものを食べ、おもしろい経験をしてきた人たちと出会う。

楽園に住んでいることがわかっている人たちは、人生を満喫《まんきつ》している。

例えば、僕の友人のひとりは、北海道のニセコに住んでいる。彼の職業は宅建士ということになるが、生きる目的はスノーボードだ。

プロのスノーボーダーではないが、ニセコに移住して毎日滑《すべ》るほどスノーボードにハマっている。そうやって毎日遊びながら、けっこうお金も稼いでいる。

なぜ稼げるかと言えば、ニセコには不動産を買おうとする外国人がたくさんやって来るからだ。英語がちょっと話せて、宅建の資格を持っているから、外国人客の仲介の仕事があると彼が呼ばれることになる。宅建士として重要事項をお客に説明し、あとは書類を作成すれば仕事は終わり。それ以外の時間は、すべてスノーボードにつぎ込んでいる。

こんなことは別に特別な人間でなくてもできる。たくさんの情報を集めれば、やりたいことを実現するための手段などすぐに見つけられるのだ。

ポイント

日本は金余りの状態だ。
その気になればあなたも遊んで暮らせる

やりたいことがないなんて嘘だ

堀江貴文

僕が「やりたいことをやれ」と言うと、必ず「やりたいことも、好きなこともありません。どうすればいいですか？」と訊《き》いてくるやつがいる。僕のオンラインサロンでもメルマガでも、これまでにも何十回となく同様の質問が寄せられたから、そういう人間は少なくないのだろう。

やりたいことがない、というのは本当だろうか。

世間にある仕事や趣味をざっと見て、そこから選ばないといけないと思っているのではないだろうか。

やりたいことをやっている人は、生き生きとして見える。

だが、その人がやっていることがあなたのやりたいこととはかぎらない。「プロサッカー選手のプレイを見て、サッカーをやりたいと思いました！」ということもあるだろうが、他人のやっていることが、そのまま自分のやりたいことであることはまずない。

だいたい**やりたいこと、好きなことなんて、努力して探すようなものでもないのだ。**

誰でもコンビニでカップ麺を買うとき、醤油味にするかとんこつ味にするかを選ぶだろう。お菓子ならアイスかチョコか、アイスなら何味か。

生きているかぎり、まったく「好きなこと」がないなんてありえない。生物ならば、必ず嗜好《しこう》に合った選択をしようとするものだ。

「やりたいことや好きなことがない」という人に、あれこれ聞いてみると、少しずつ好きなことが出てくる。

スマホでソシャゲをするのが好き、マンガやアニメを見るのが好き、アイドルが好き。

世間的には生産的でない、能動的でないとみなされたとしても、それは確かにあなたの「好き」なのだ。

他人の真似をしなくても、あなたの「好き」はある。

だったら、**その「好き」が、もっと楽しくなるようにすればいい。**

ソシャゲが好きなのだったら、そのおもしろさを他人に紹介するのもひとつの方法だ。ゲーム攻略の実況をするとか、ブログ記事を書くのもありだし、ゲームの作り手に回るというやり方もある。ゲームの世界観で二次創作をすることもできるだろう。

アイドルが好きなのであれば、そのアイドルに会う方法を考えてみる。握手会に行くだけならただの客だが、イベントを企画してそのアイドルを呼ぶなら、もうそれは仕事でもある。

「好き」はあるけれど、どうしていいかわからないというのなら、それはたんに情報が不足しているだけだ。

何度も述べてきたように、行動力だとかやる気などというものは必要ない。

何かの「好き」を持っていて、膨大な情報を浴びていると、必ず琴線《きんせん》に触れる情報に気づく。

わずかでもピクンと脳波が反応することがあれば、その情報を深掘りしてみる。ネットや本でさらに深く調べたり、ＳＮＳのコミュニティに参加してみたりしてもいい。

何か自分から発信したくなったら、しめたものだ。どんな拙《つたな》い意見であっても作品であっても、いまはネットで多くの人に見てもらえる。好意的なコメントをもらえば励《はげ》みになる。

ＳＮＳには悪意もあふれているが、自分は何もせず他人を嘲る人間の言うことを気にかける必要はない。さっさとブロックして、忘れてしまおう。

自分から発信するようになると、他人とのつながりも増え、さらに情報のインプットも増えていく。こうなってくれば、もうやりたいことがないなどとは言っていないだろうが。

ポイント

あなたのちょっとした「好きなこと」。それが大きな武器になるのだ

成功も失敗もたんなる結果。いまを夢中に生きよう

橋下　徹

２０２０年11月1日、現大阪府知事・吉村洋文さん、現大阪市長・松井一郎さんのもと、大阪都構想の賛否を問う2度目の住民投票が行われた。

結果は、1回目の住民投票と同様、賛成67万５８２９票（49・37％）、反対69万２９９６票（50・63％）で、これまた僅差で否決されることになった。

都構想が否決されたのは残念だったし、吉村知事、松井市長の無念は察するに余りあるが、僕は自分でも驚くほどさわやかな気持ちだったというのが正直なところだ。

２００８年に府知事になって以来、僕は大阪を良くしようと、大阪の改革と大阪都構想の実現に取り組んできた。

右も左もわからない政治の世界に飛び込み、新しく出会った仲間と政党を作り、さまざ

まな改革を行った。旧態依然《きゅうたいいぜん》とした府庁や市役所の仕組みを変えるため、職員や利害関係者そして議員を説得し、時には対立することも多かった。

すべては大阪を良くしようと思ってやってきたことだが、すべての人を満足させられたとは思っていない。また僕の想定とは違った結果になってしまった改革も少なくはないだろう。

吉村さんやそのあとに続く人たちには、僕がやってきたことの良いところは活かし、悪いところはどんどん直していってもらいたい。僕がやってきたことは完璧ではなかっただろうが、それでも地方政治のあり方について、小さな一石を投じた意義はあったものと自負している。

２００７年に堺屋太一さんと出会ってから、僕は大阪の改革と大阪都構想に夢中だった。一心不乱に取り組み、自分にできるかぎりのことをやりきった。

だから、**２０１５年の１度目の住民投票が否決されても、そこに後悔はなかった。もういつ死んでもかまわないと思えるほど、燃焼し尽くした。僕の人生は完全燃焼した。**だからこそ、２０２０年11月の2度目の住民投票で再び否決されても、松井さん、吉村さん、それに大阪維新の会のメンバーや、改革を実行してくれた役所の職員たちに感謝の思いがあふれるだけだった。

政治家を辞めたあとは、家族と過ごす時間が増えた。

７人いる子どもは、僕が無理強いしたわけでもないのに、なぜか長男は、法律家を目指して勉強に励み、次男、三男は高校ラグビーをやり出すようになった。

長女は、小さいころから得意だった絵を描く才能を生かした職業に就いた。次女は妻の母校の大学に進学し、英語の勉強に励んでいる。三女、四女はまだ中学生だが、韓国ポップアイドルに夢中で韓国語の勉強をしている。

僕は子育てらしいことはまったくしてこなかった。いまの時代では、完全に父親失格の父親だ。にもかかわらず、子どもたちの適性や能力を伸ばすのに僕の背中が役に立ったのだとしたら、父親としてこれほど嬉しいことはない。

いまは、このような子どもたちの成長や人生の歩みを眺めていることが一番の幸せとなってしまった。まあ、このような「おじいちゃん」みたいなことが言えるのも、自分の人生を完全燃焼したと言い切れるほどに、夢中になって生きてきたからだと思う。

夢中になれるものは人それぞれだ。世間的に注目される大きな仕事をする人もいれば、目立たない仕事をする人もいるだろう。

だが、そんなことはどうでもいい。

一度きりの人生なのだから、夢中になるものを見つけて、とことん楽しんでほしい。そ れが人生100年時代を生きるうえでの、ただ1つの攻略法だ。

ポイント

事の大小は関係ない。
夢中に取り組むことそれ自体に意味がある

何が幸福か？　決めるのはあなただ

堀江貴文

どうすれば、いまの時代を幸せに生きられるか。

そんなことを大上段に構えて考えようとすると、話はとたんにややこしくなる。

豊かになるためには、経済発展してＧＤＰ（国内総生産）を拡大しないといけない。そのためには、企業が利益を上げられるようにして、たくさんの労働者が雇われるようにして、十分な給料をもらえるようにしないといけない――。

個人レベルでも、ややこしい悩みに陥《おちい》る人だらけだ。

いい給料をもらうなら、大手企業に勤めたい。いや、これからは大手ではなくて、最先端のスタートアップで働いて、ストックオプションをもらうのがいい。いや、これからはユーチューバーだろう。いや、みんな起業しないといけないだろう――。

そういう議論は、そもそもの前提が間違っている。

これまでの古い枠組みを保ったまま、ちょっとだけ変えて変化に追従《ついじゅう》しようとしているのだ。

国もそうだし、個人もそうだ。

21世紀になるまで、それなりにうまくいっていた（ように見えた）枠組みにとらわれて、その外の世界を見ることができずにいる。

国民国家という共同幻想によって、子どもに強制的に教育を施し、労働者として養成。企業に送り込んで、大量生産に従事させたのは、その時代にはそれが最適解だと思われたからだ。

モノがなかった時代には、個人の側もとにかく働いてお金を稼ぎ、いろんなモノを買うことが幸福に生きることだと思い込んだ。

これらの思い込みは、義務教育の仕組みによって、幼いうちにみんなに刷り込まれる。

そういう洗脳を解くのは、本当に難しい。

お金がないと生きていけない。
学校の授業に参加しないと学べない。
会社勤めしないと安定した生活が送れない。
働かないとお金がもらえない。
好きなことだけやっていては、暮らしていけない――。

これらの常識は人の脳に焼きつけられているから、疑うこともできない。逆に、「会社勤めをしているやつはクソだ」と常識を否定しようとする人もいるが、結局それも常識にとらわれてしまっている。

古い枠組みを保ったまま方程式を解こうとするのは非常に難しい。仮に解けたとしても、恐ろしく面倒くさい解が出てきたりする。

働かないといけない、お金がないといけないと、みんな思い込んでいるから、失業率を

気にしたり、最低賃金を上げるとか下げるとか、そんな話になってしまう。

だが、いま起こっているのは、そういう些細なレベルの変化ではなく、もっと根本的なものだ。

数世紀にわたって成り立っていた枠組み自体が揺れ動き、流動化している。そのことに気づけるかどうか。

お金がなくても生きていける。

学ぶのに、学校は必要ない。

好きなことをやるのが、生きること。

いろんな人から相談を受けて、僕は「起業すればいいんじゃない」と答えるときもある。するると、「起業にはリスクもあるのに無責任だ」と非難される。別に僕は全員が起業家になるべきだと言っているわけではない。

起業するリスクやコストは昔に比べて格段に下がっているから、やりたければやればいいと思うだけだ。

起業したくない人間に、無理やり起業させようとしているわけではない。

流動化した時代に、同じ会社にずっと勤めているのはリスクが高いだろうと思うから、そう言うまで。会社に勤めていて、楽しく生きているのなら、別にそれでいいではないか。会社勤めと起業のどちらかだけが選択肢ではない。

僕は家族を持ちたいと思わないが、だからといって結婚するなと言ったりもしない。ずっと同じ相手と一生つき合うのでもいいし、相手を頻繁《ひんぱん》に変えるのでもいい。月に1回、年に1回家族と会うだけというのでもいい。

そんなのは僕がいちいちどうこう言うことではないし、ケースバイケースで自分に一番適していると思う選択肢を選べばいいだけのことである。

既存の常識が気に食わないからといって、その反対だけが正解だと考えるのはナンセンスだ。

既存の枠組みがひっくり返るというのは、たんに既存の枠組みが否定されるということ

ではない。テクノロジーの進歩によって、ありとあらゆる可能性、選択肢を選べるようになったということだ。

僕は自分自身が楽しく生きるため、楽しく生きることを大勢の人に見せつけようと思って、オンラインサロンなどの活動を行っている。

「やりたいことが見つかりません」などというくだらない質問にも何度も何度も答えてきたが、ようやく少しずつ変化が見えてきたようにも思う。

常識にとらわれず、やりたいことを実現するための方策を追求し、人生を満喫する。そうやって動く人が僕の周りには増えてきた。

「こうであらねばならない」という思い込みが、人を幸せから遠ざける。その思い込みを解くのは自分にしかできない。

「未来は明るいでしょうか？」

そんなことは、僕が決めることではない。

あなたが明るいと思えば明るいし、暗いと思えば暗い。

何でもできるようになった時代に、未来が明るいかどうか、幸福とは何かを決めるのもすべてあなた自身がどう思うかにかかっている。

ポイント

「こうあらねば」という思い込みが不幸。
その呪縛はあなたが解くしかない

おわりに

橋下 徹

堀江貴文という人物には、前々から興味を持っていた。

東京大学在学中に起業し、20代のうちに上場。プロ野球の球団を買収しようとし、選挙にも出馬。さらにニッポン放送を買収しようとし、証券取引法違反容疑で逮捕、およそ2年間服役する――。

尋常《じんじょう》な経歴ではない。刑務所に入ったことなど屁《へ》とも思っていない。

その後も、彼の活躍はとにかく多岐にわたる。

メルマガ配信、オンラインサロンビジネスを展開して、多数のファンを集めたかと思えば、宇宙開発事業に投資。飲食店ビジネスを手がける一方で、教育機関も立ち上げる――。

これだけ多種多様な活動を、みずから主導して運営しているのだ。

このエネルギーはどこから来ているのか、彼を駆り立てているものは何かを知りたいと思った。

お金か、名声か、歴史に名前を刻むことか。

対談を通してわかったのは、彼は「夢中になって遊んでいる」ということだった。しかしそれは、過去と現在を深く洞察し、将来を鋭く見通した驚異的な思想・思考に裏打ちされたものだった。

結論は「夢中になれ」というものだが、そこに至るまでには深い思想・思考を経なければならない。しかし、これからの人生100年時代にあっては、とにかく夢中になることがキーワードになることは間違いなさそうだ。

僕の人生を振り返ってみてもそうだった。

弁護士になり、タレントになり、政治家となったのも夢中の一環だったし、その間、夢中で目の前のことに取り組んだ。

その集大成が大阪都構想の賛否を問う住民投票だったが、結果は否決。自分の思うとおりの結果を、最後の最後に得ることはできなかったが、それでも、いつ死んでもいいやと思えるくらい、自分の人生に完全燃焼感を抱いている。

それはすべてに「夢中」だったからだ。

本書は人生100年時代を前提としているが、僕は51歳で完全燃焼感を抱いてしまった。いまは子どもたちの成長とその人生の歩みを傍観《ぼうかん》するのに夢中だ。

堀江氏からは「まだ早すぎる！」と言われるかもしれない。

僕の活動は弁護士業はもちろん、テレビメディアや講演会・執筆活動という、いわゆるオールドメディア中心に行っている。メルマガやオンラインサロン、YouTubeに少し足を踏み入れたが、そこで成功することがどれだけ大変か身をもって経験した。これらニューメディアにおいては、頼れるものは個人の力のみで、個人の力のみが評価されるという厳しい世界だ。

堀江氏はニューメディアを引っ張り、本人もそこで成功を収めている人物のひとりだ。人生100年時代は個人の力が問われる時代であると僕は本書で力説しているが、堀江氏はまさにそれを実践している。

堀江氏の力は、堀江氏の人生の流動性が源泉だ。

そして人生の流動性を高めるエンジンは「夢中」だ。

あなたも、夢中になってハチャメチャに自分の人生を駆け回ろう！

2021年3月

注

＊1　東京都最低生計費試算調査結果：東京地方労働組合評議会
http://www.chihyo.jp/oshirase/data/shiryo-shosai.pdf

＊2　State of the Global Workplace：GALLUP
https://www.gallup.com/workplace/257552/state-global-workplace-2017.aspx

＊3　単身世帯の増加と求められる社会政策の強化：みずほ情報総研
https://www.mizuho-ir.co.jp/publication/contribution/2019/dio1909_01.html

＊4　欧米には日本人の知らない二つの世界がある：Human Capital Online
https://project.nikkeibp.co.jp/HumanCapital/atcl/column/00004/112700008

＊5　平成30年度 女性の政策・方針決定参画状況調べ：内閣府男女共同参画局
https://www.gender.go.jp/research/kenkyu/sankakujokyo/2018/index.html

＊6　市場ワーキング・グループ報告書「高齢社会における資産形成・管理」：金融審議会
https://www.fsa.go.jp/singi/singi_kinyu/tosin/20190603/01.pdf

＊7　空家法施行後の空き家の現状　空き家総数は増加している一方、
「腐朽・破損がある空き家」は減少：ニッセイ基礎研究所
https://www.nli-research.co.jp/report/detail/id=65204&pno=2?site=nli

＊8　病床数が世界一多く、コロナ感染者が突出して少ない日本で
「医療崩壊」が起きている理由：独立行政法人経済産業研究所
https://www.rieti.go.jp/jp/papers/contribution/fuji-kazuhiko/215.html

＊9
スガタ・ミトラ：インターネットを介した「学び」は既存の教育を消滅させる：WIRED
https://wired.jp/2013/01/02/vol5-sugatamitra/

スガタ・ミトラ：自己学習にまつわる新しい試み：TED
https://www.ted.com/talks/sugata_mitra_the_child_driven_education?language=ja

＊10　ゲームによる学力低下に閾値はあるか―想起による大規模調査―：
国際大学グローバル・コミュニケーション・センター
https://www.glocom.ac.jp/wp-content/uploads/2020/02/GLOCOM_DISCUSSIONPAPER_No.15_2020-001.pdf

＊11　「スマホを見ると学力が下がる」は本当か？中室牧子氏：
リクルートマネジメントソリューションズ
https://www.recruit-ms.co.jp/issue/interview/0000000590

＊12　池谷裕二が指南！やる気が出る「脳」のだまし方：PRESIDENT Online
https://president.jp/articles/-/2325?page=1

ブックデザイン……bookwall
イラスト……加納徳博
組版……キャップス
校正……鷗来堂
構成……山路達也
編集……崔鎬吉

橋下 徹　はしもと・とおる

1969年、東京都生まれ。弁護士、政治評論家。

2008年から大阪府知事、11年から大阪市長を歴任し、大阪都構想住民投票の実施や、行政組織・財政改革などを行う。15年に大阪市長を任期満了で退任。現在、テレビ出演、講演、執筆活動を中心に多方面で活動。

『実行力』『異端のすすめ』『交渉力』『大阪都構想＆万博の表とウラ全部話そう』など著書多数。

公式メールマガジン　橋下徹の「問題解決の授業」
https://hashimoto.president.co.jp/mailmagazine.html
公式オンラインサロン　橋下徹の激辛政治経済ゼミ
https://hashimoto.president.co.jp/salon.html

堀江貴文　ほりえ・たかふみ

1972年、福岡県生まれ。実業家。

ロケットエンジンの開発や、スマホアプリのプロデュース、また予防医療普及協会理事として予防医療を啓蒙するなど、幅広い分野で活動中。また、会員制サロン「堀江貴文イノベーション大学校（HIU）」では、1,500名近い会員とともに多彩なプロジェクトを展開。

『ゼロ』『本音で生きる』『多動力』『東京改造計画』『将来の夢なんか、いま叶えろ。』など著書多数。

公式メールマガジン　堀江貴文のブログでは言えない話
https://horiemon.com/magazine/
公式サロン　堀江貴文イノベーション大学校
http://salon.horiemon.com/

生《い》き方《かた》革命《かくめい》

未知《みち》なる新時代《しんじだい》の攻略法《こうりゃくほう》

2021年3月31日初刷

著者　橋下《はしもと》 徹《とおる》　堀江貴文《ほりえたかふみ》

発行者　小宮英行

発行所　株式会社徳間書店
〒141-8202
東京都品川区上大崎3-1-1
目黒セントラルスクエア
電話　編集／03-5403-4344
　　　販売／049-293-5521

振替　00140-0-44392

印刷・製本　大日本印刷株式会社

ISBN978-4-19-865258-6